篠原雅武
Masatake Shinohara

人《じん》新《しん》世《せい》の哲学

思弁的実在論以後の「人間の条件」

Philosophy in the Anthropocene

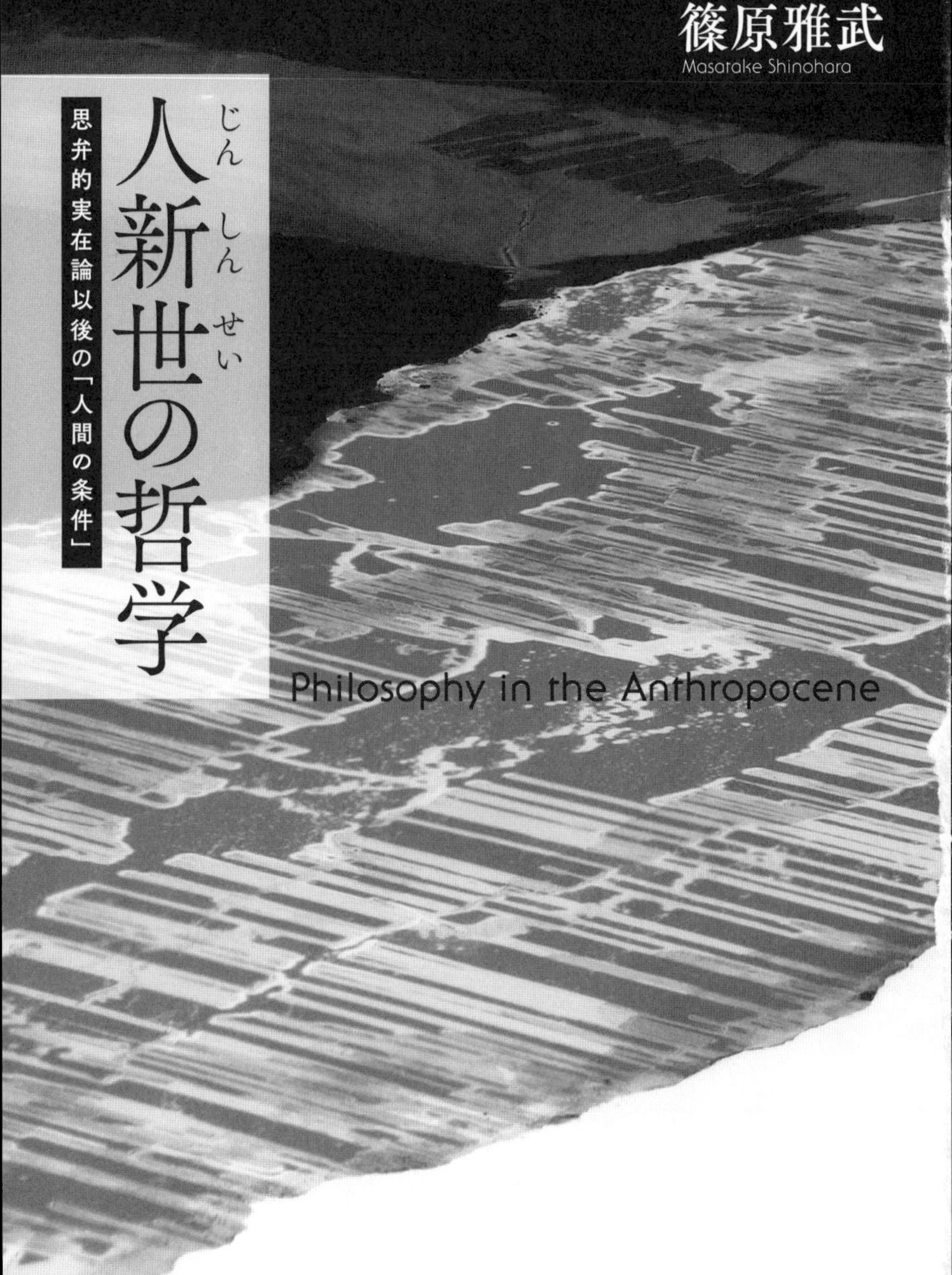

人文書院

人新世の哲学　目次

人新世の哲学

序論

フランス人の哲学者カンタン・メイヤスーの『有限性の後で』は、二〇〇六年にフランスで刊行され、二〇一一年に英語化、二〇一六年に日本語化された。この著書が画期的なのは、人間が思考し、意識し、意味を形成するといったこととは無関係に世界が存在するということに向けて読者の関心を誘うからである。手がかりになるのは、次の科学的データである。

宇宙の起源（一三五億年前）
地球の形成（四五・六億年前）
地球上の生命の誕生（三五億年前）

人類の誕生（ホモ・ハビリス、二〇〇万年前[1]）

化石という事物を、放射性原子核の崩壊速度に依拠した測定技術で分析することで、以上のデータは得られる。つまり、宇宙の形成、地球の形成は、人間が出現する以前において、人間とは関係のないところで起きている。ただし、たとえ人間とは無関係であっても、宇宙の形成も地球の形成も、現実のこととして起きている。現実に起きたことが、経験科学の積み重ねにより解明されようとしているし、しかもその発生の時点も科学的に解明されようとしている。

メイヤスーは、身も蓋もないことを主張している。宇宙や地球は、人間がいないところにおいて形成された。それらは、人間の思考、意識の限界を超えたところで起きてしまった、現実の出来事である。彼が述べていることを踏まえるならば、次のように言うこともできるだろう。宇宙や地球、人間ならざる生命体は、人間が存在するということとは関係なく、人間とは切り離されたところで、人間化されることのないところで、独立に存在している。さらにいうと、宇宙も地球も人間ならざる生命体も、一三五億年前や四五・六億年前や三五億年前だけでなく、現在においてもなお、人間とは関係のないところで、人間の意識や思考、意味づけとは関係のないところで、独立に存在している。人間が、自分たちの生きているところは間主観的な共同世界だと考えたとしても、それとは無関係なところで世界は存在している。

ただし、世界が人間に対して無関係であるといっても、私たちは世界において生きてしまっている。地球の上で、宇宙空間のなかで、私たちは生きてしまっている。ゆえに、世界は人間に対して無関係であるとメイヤスーがいうとき、それが意味するのは、人間が自分たちを中心にして描き出す世界に関するイメージに対して世界が無関係である、ということである。人間を中心とする世界像とは関係なく、世界は存在する。そして世界は、私たち人間の生活をとりまき支える条件として、存在している。

これまでにも、共同幻想、共同主観性、公共性、間主観性、社会システムなどという言葉で、人間生活の条件に関する考察は積み重ねられてきたが、メイヤスーの著書以後の私たちは、人間生活は、人間が世界について抱くイメージではなく、イメージとは無関係のところにある世界に支えられているというようにして考えを進めていかざるをえなくなっている。

ただし、メイヤスーの著書はあくまでもきっかけである。人間生活が、間主観性や公共性といった概念で指示される人間的な仮構物よりも深いところにある何ものかにより支えられ、左右されているということへの自覚は、地震や津波、さらには温暖化、ゲリラ豪雨といった出来事とともに、人びとのなかで、密かに生じつつあるからである。

地震や津波は、人間生活の条件を根幹から破壊し、瓦礫にすることで、人間生活が、私が私ではない人——たとえばあなた——とのあいだにおいて生じさせる間主観的な領域や、複数の人たちが集まるなかで形成される公的世界をも内に包み込むさらなる広がりおよび奥行としての世界のなかで営まれているということを、明らかにする。さらに、ティモシー・モートンが述べているように、メイヤスーの議論は、人間世界をも包み込む広がりの世界は、人間ならざるもの——動物、植物、鉱物など——を含み込む領域であり、だからこそ、この領域において人間が生きているということは、人間が人間ならざるものに影響を及ぼしながら生きているということをも思考可能にするだろう(2)。

人間生活の領域をとりまき支える条件としかいいようのない何かがある。これが何かを問うことが、メイヤスーが切り開き、モートンたちが展開している思想潮流の広がりのなかでの探求の主題の一つである。人間の思想が、この広がりのなかで展開されようとしていることを一度認めてしまうなら、これまでに積み重ねられてきた思想の成果をもこの広がりのなかへと放り入れてしまうことができるようになり、以前には気づかれることのなかった側面を明瞭にすることもできるだろうし、現代的な展開も可能になるだろう。

＊

本書では、ハンナ・アーレントが『人間の条件』で試みた考察を、現代の新しい思想潮流（思弁的実在論、オブジェクト指向存在論）との関連で検討し直すことを試みる。題名に示されているように、アーレントの思想は、人間そのものというよりは人間の条件をめぐるものである。人間の条件とは、人間の営みを支え、成り立たせるものであるが、アーレントはこれを、人間の内面性とは独立の世界、つまりは事物性のある世界として考えようとした。そのかぎりでは、メイヤスーたちの洞察を先取りしたものとして読むことができる。

さらにアーレントは、近代以後の人間生活の問題を、人間の条件が自然から切り離されてしまうことの問題として考えようとした。『人間の条件』第二版（一九九八年刊行）に掲載されている序文で、マーガレット・カノヴァンは、アーレントが人間の領域である公的世界についての考察を、地球という惑星、つまりは自然とのかかわりのなかにあるものとして考えようとしていた、と述べる。アーレントは、一九五七年の人工衛星の打ち上げを人類史上画期的な出来事と捉えたのだが、それはつまり、「人間が地球から逃れていく」ということであった。「地球から空へと逃れ、そして核テクノロジーのような試みをおこなうことで、人間存在は自然の限界に挑戦していくことになる」(3)。アーレントは、人間の領域が地球から離脱し、それだけで自足したものになることの予兆を、人工衛星の打ち上げにおいて感知した(4)。

地球からの切り離しへの関心も、現代的な問題を先駆けて捉えたものとして考えることが可能である。というのも、アーレントの著書が刊行された一九五八年には、第二次世界大戦後の経済復興が先進諸国で進んでいたが、その後にも、ダム、高速道路、鉄道、電信、大規模住宅団地をはじめとするインフラ整備が進み、原子力発電所という無限のエネルギー生成装置と目されていた建造物の開発と建設も進み、人間の生活領域の自足化と高度化が進展したからである。それにともない自然とのかかわりも希薄になり、忘却されていった。

アーレントは、人びとの生活の条件として、開かれた出会いのための公共空間という理念的なものを構想したが、じつは彼女の思考において、公共空間は、ただ人びとの頭のなかに存在するのではなく、事物としてつくりだされていることを要するものとしても考えられている。アーレントは次のように述べている。

人間生活は、それが何かをするということに活発にかかわるものであるかぎり、つねに多数の人間と人間がつくりだす事物の世界に立脚する。人間生活は、この世界を去ることもなければ超越することもない。(5)

ここで言われていることを、現代の新しい思想潮流のなかへ取り込み、そのなかで様々な概念と新たに相互連関させていくと、アーレントは十分に述べることができていなかったが言外で曖昧なままに言われていたことをつかみ取り、そのうえで現代的に展開させていくことができるようになる。(6)

＊

本書は、メイヤスーの後に展開し広がりつつある思想潮流で提示されている人間と自然という問題系を踏まえ、そのうえでアーレントが考えようとした人間の条件について、あらためて考えようとするものである。ただし、新しい思想の紹介を自己目的化するものではない。むしろ、これらの思想が生じつつある時代的状況がいかなるものかを考えることを重視したい。

なにゆえに私たちは、人間世界をも包み込む広がりの世界について考えなくてはならないのか。なにゆえに、この広がりの世界において人間が生きていると考えなくてはならないのか。それはおそらくは、この広がりの世界のほうに、何か異変が起きているからである。オゾンホールの解明でノーベル賞を受賞した科学者であるパウル・クルッツェンは、二〇〇二年の『ネイチャー』誌に掲載された「人間の地質学」で、次のように主張している。

過去の三世紀で、人間がグローバルな環境におよぼす影響力が高まった。二酸化炭素を人間が排出してきたために、グローバルな気候は、これからの何千年、自然な運行からとてつもなく逸れていくだろう。現在の、多くの点で人間が優位な地質学的時代に

「人新世《じんしんせい》（anthropocene）」という言葉をあてがうのは適したことのように思われる。それはこれまでの一万年か一万二千年の温暖な時代である完新世にとってかわるのだ。(7)

クルッツェンたちの主張はデータにもとづくものとはいえ、科学者のコミュニティでは完全に受入れられたわけでもなく、研究の途上にある。それでも、人間が地球のあり方に影響を及ぼし、完新世を終わらせようとしているという主張そのものは、歴史学や思想史、文学や哲学において、深刻なショックを与えた。インド出身の歴史学・思想史研究者のデペッシュ・チャクラバルティは二〇〇九年に「歴史の気候——四つのテーゼ」という論文を発表する。(8) チャクラバルティは、ポストコロニアル研究、サバルタン研究のグループに属し、南アジアの民主主義と政治思想にかんする研究をおこないながら、他方では気候変動が歴史や政治思想にいかなる影響をあたえるかという問いをめぐって思考するという、学際的な研究者である。

チャクラバルティの論文はさまざまなところに影響を与えた。たとえばティモシー・モートンは『ハイパー・オブジェクト』を発表し、さらに関連のある論文を発表する。(9) それ以外にも、インド出身の作家であるアミタヴ・ゴーシュが自らの講演をもとにして単著を書く。[10]そして、ブルーノ・ラトゥールが二〇一七年に単著を刊行する。[11]まさにこの数年で、人新世をめぐる文系的な議論が沸き起こってきた。

人新世をめぐる議論において問われているのは、人間が人間だけで自己完結的に生きるのではなく、地球において生息している様々な人間ならざるものとの連関のなかで生きているという現実をどう考えるのか、という問題である。

産業革命以来、人為的に排出される二酸化炭素の量が増大し、一九四五年の核実験と原爆投下（広島・長崎）以来、放射性物質の量も増大したが、それだけでなく、都市郊外のニュータウン建設、高速道路の建設、ダムの建設といった出来事は、山のかたちや河川の流れを変えた。人間が、みずからの活動により、自分たちの人間の条件そのものを事物性の水準で変えている。にもかかわらず、人間の生活領域のなかで、人間とともに、人間を中心にした生活を営んでいるかぎり、自分たちの活動が、人間ならざるものの領域つまりは人間を超えたものの棲まう領域にまで及び、しかもそのあり方を変えているということに意識が向かうことはない。

人新世の議論は、人間ならざるものの領域への人間活動の影響をはっきり示した科学者の研究成果を受けとめた感度の鋭い学者や作家が文系的な問題設定のもとで議論を進め、考察を深めていくというようにして進展している。これこそが文理融合的な知である。人間の条件の事物性を、人間ならざるものの領域の広がりのなかで見つめ直すにはどうしたらいいのか、自分たちがただ人間だけで自己完結して生きているのではなく、人間を超えたものとのかかわりのなかで、それも何らかの超越神のようなものというよりはむしろ、人間化された世界よりもいっそう深く広がりのあるエコロジカルな領域のなかで生きているという現実と真剣に向き合うためにはどうしたらいいのか、そのような問いをめぐって考察が進展している。

本書は、科学研究で提示されようとしている人新世という現実像をまともに受けとめたとき、人間にかんする知は根底的にひっくり返るだろうという見通しのもとで、人間の条件についての哲学的な考察を試みる。そこでは、人間と自然のかかわりをどう考えたらいいのか（一章）、人間世界が地球・自然世界から離脱してしまうことをどう考えたらいいのか（二章）、人間世界の条件の脆さをどう考えたらいいのか（三章）、人間世界の外に広がるエコロジカルな世界のリアリティをどう考えらいいのか（四章）、事物の世界との相互的交渉における詩的言語の可能性をどう考えたらいいのか（五章）、エコロジカルな共存とは何か（六章）が問われることになる。

注

（1）カンタン・メイヤスー『有限性の後で――偶然性の必然性についての試論』千葉雅也、大橋完太郎、星野太訳、人文書院、二〇一六年、二二一―二二三頁。

（2）Timothy Morton, *Hyperobjects: Philosophy and Ecology after the End of the World* (University of Minnesota Press, 2012), 8.

（3）Hannah Arendt, *The Human Condition* (The University of Chicago Press, 1998[1958]), x.

（4）アーレントの議論を宇宙開発論の先駆けとして読解する稲葉振一郎も、アーレントの人間の条件の議論を、人間の本性ではなくて人間を生かしかつ制約し限界づける環境条件を考えたものとして読み解いており、その点は本書と立場を同じくしている。ただし、稲葉の場合、地球から離脱することつまりは宇宙開発を肯定的に考える立場からアーレントを読解しているので、その点では本書とは立場が異なっている（稲葉振一郎『宇宙倫理学入門』ナカニシヤ出版、二〇一六年、一七一―一七九頁）。

（5）Hannah Arendt, *The Human Condition*, 22.（ハンナ・アーレント『人間の条件』志水速雄訳、ちくま学芸文庫、一九九四年、四三頁［引用に際して、訳文は改変してある。以下も同様］）

（6）本書は、アーレントを論じつつも、オーソドックスなアーレント論とは異なっている。重視されるのは、人間の条件がどうなっているかを問い、人間の条件とは何かを考えたものとして、アーレントの著書を読み直すことである。アーレントが問題にしたことを、人間的なものと自然的なものが区別されつつ切り離されないものであることをどう考えたらいいのかという観点から再構成する。すなわち、そこで自然そのものとは別のものとして人間の条件が形成されることの大切さを説きつつ、それでも、自然なるものが人間の条件につきまとってきてしまうことをめぐって考えていたところに、アーレントの思考の現代性を見定めていく。

アーレントは、人間は労働という「自然との物質的な代謝過程」をつうじて、自然の循環運動の一部になってしまっている存在でしかないというマルクスの考えを批判し、自然との代謝過程とは区別された領域として人間の公的世界を構想したが、それでも、人間の世界が自然とは完全に切り離されず、自然の影響を受けてしまっていることを認めるような見解をはっきりとではないが提示している。

アーレントにおける自然は、人間の労働と相関するものであると考えられているが、「自然の産物であるこの木やあの犬」といった論述からもうかがえるように、ときにアーレントは、人間の労働とは相関しないものとして自然をとらえている。

（7） Paul Crutzen, "Geology of Mankind," *Nature* 415, no. 23 (3 January 2002).

（8） Dipesh Chakrabarty, "The Climate of History: Four Theses," *Critical Inquiry*, vol. 35, no. 2 (Winter 2009), 197–222

（9） Timothy Morton, "The Oedipal Logic of Ecological Awareness," *Environmental Humanities*, no 1 (2012), 7–21; Timothy Morton, "How I learned to Stop Worring and Love the Term Anthropocene," *Journal of Postcolonial Literary Inquiry* (2014), 257–264.

（10） Amitav Ghosh, *The Great Derangement: Climate Change and the Unthinkable* (The University of Chicago Press, 2016).

（11） Bruno Latour, *Facing Gaia: Eight Lectures on the New Climatic Regime* (Polity Press, 2017).

第一章　人間と自然とのかかわり

地震や津波、台風がもたらす天変地異において、人は自然が人間世界をとりまき支えていたことを思い知る。つまり、自然は観念ではなくて現実である。人間は、現実としての自然とのかかわりのなかで、みずからの生活領域を形成し、維持しようとしてきた。

その現実に目を向けていたのが、アーレントだった。カノヴァンは述べている。「アーレントによると、人間は自然な地球で生きるだけでなく人間がつくりだす世界（man-made world）に住むのでないかぎり、完全に人間になることはない」[1]。ゆえに人間は、技術を用い、道具を使うことで、自分たちが快適な生活を営むための環境をつくりだし、整備してきた。それは、人間が完全な人間になること、つまりはより豊かになり、より便利になることを目指すものであったが、それだけでなく、自然という、人間の意のままにならないもの――これをアーレントは、「永久に回転している疲れを知らない絶えざる循環」と言い表す――を手なづけ、安定的な状態にしようとすることであった。人間の世界をつくりだすことは、自然の改変でもある。アーレントは、自然の改変は、人間世界の構成要素とでもいうべき材料（material）を自然界から調達するところにおいて生じていると述べ、そしてこの調達に、暴力性を見出している。

材料とは、すでに人間の手になる生産物であり、人間の手が、自然の場所から取り出してきたものである。たとえば、木材となる樹木の場合であれば、破壊してその生命過程を殺さなければならず、鉄や石や大理石の場合であれば、その自然過程は樹木の場合よりはもっと緩慢であろうが、いずれにしても地球の胎内を破って取り出さなければならないのである。この侵犯と暴力の要素は、すべての製作につきものであり、人間の人工物の創造者〈homo faber〉は、これまで常に自然の破壊者であった。(2)

一九六〇年代から七〇年代には、産業公害などの問題との関連で、人間と自然の関係については盛んに議論されてきた。アーレントの議論も、これを背景とするものとして読み人間は、直すことができる。ところがそれ以降、おそらくは一九八〇年代あたりになると、人間がつくりだす世界がそれだけで自己完結的になっていると考えるようになった。それとともに進行したのが、人間がつくりだす世界がじつは自然な地球にとりまかれていること、自然な地球に支えられているということへの感覚の衰微であった。自然は、よくわからないもの、「ネガティブにのみ示されるもの」と言われるようになった。[3]

人間がつくりだす世界が自然に接し、自然にとりまかれ、自然を不可欠の条件にしているということをどう考えたらいいのかがわからないというだけでなく、自然のリアリティをどう受けとめたらいいのか、それもわからなくなっている。津波で街が破壊され、瓦礫と化したとき、それは要するに人間がつくりだす世界が瓦解したということなのだが、この瓦解をどう受けとめたらいいのかが、多くの人にはわからない。金井美恵子は述べている。

町全体を埋めつくしていた津波によって破壊された瓦礫の山が、家の建っていた区画ごとに山積にされた、非現実的な光景を目のあたりにした被災者の女性（年配とはいえ戦後生れに見える）は、テレビの画面の中で、呆然と立ちつくし、それが現実とは思えないあまり、テレビで見た戦争映画の風景のようだとつぶやく(4)。

人間がつくりだす世界だけでこの世が成り立つと考え、そのように感じるかぎり、それをとりまく自然なるものと私たちがどう関わっているのかを問うことはむずかしい。このむずかしさをも忘れることなく、自然なるものと人間世界のかかわりがどのようになっているかを考えることが、本書の課題の一つである。自然のリアリティがいかなるものかを考えるとき、まずは、自分の心身は人間がつくりだした人工物の世界に規定され、慣れてしまっていることを認めるところから始めてみたい。

1　人間の世界と自然の世界

人工物と自然

人間生活の領域は、無数の人工物で支えられ、満たされている。道路や橋、堤防といった建造物は、自動車や自転車のような交通手段を円滑に走らせ、川で隔てられた場所を最短距離で結び、川の水の流入を妨げ生活領域を安全に保つといった人間的な目的のためにつくられそして整備された。人間が設定する目的があり、それに導かれていくようにしてつくりだされて成立するのが、人工物の世界である。

これに対する自然とは何だろうか。それは、人間が設定する目的手段連関とはかかわりのないところでおのずと生じていくもの、それとしてあるものとしかいいようのない何ものかであるが、機械化され人工物が増えていく状況においては、それはただ機械的でなく人工的でないというように、否定的な言い方でしかいえないものになってしまっている。(5)

ただし、自然には、北極の氷や富士山の頂上のように、人間の生活とは無関係に存在するものもあれば、イタリアのヴェネチア市内を流れる川のように、交通や運搬といった人間生活の支えとなるインフラとして使われるものもあると考えることもできる。

あるいは、経済学者であり社会哲学者でもあるハイエクが述べているように、習慣や伝統や礼節のようなものが人間生活の領域の支えになると考えることもできる。ハイエクはそれを自生的秩序と呼び、日々の積み重ねのなかで着実に形成され維持されてきた性格ゆえに一種の自然性を有すると主張した。そしてハイエクは、この自生的秩序と対置されるのが計画主義的な社会設計の思想であると考える。計画主義的な秩序においては自生的秩序の自然性が軽視されてしまう。(6)

人間生活において自然は、人間的なものとは無関係のところにありながら、人間生活の一部となって組み込まれているものであり、さらには習慣や礼節という、人間的な領域の支えとなって形成されたものの性質（おのずから生じてくる）を意味することもある。そう考えるなら、人間が実際に生活しているところでは、人工と自然は明確に識別されることはないということになるだろう。つまり人間は、完全に人工的な状態で生きることもなければ、完全に自然な状態で生きることもなく、両者が接し、連関していくところで生きている。

人工物としての境界

そして人間生活は、境界区分された領域において営まれている。広漠としたひろがりのなかにおいてではなく、私的領域と公的領域、私の領域と不特定多数のための領域、私たちの領域と私たちならざる者たちの領域というように、境界で明確に区分されていくところで営まれる。境界は、壁やフェンスというような物理的建造物として構築されているだけでなく、監視カメラ、ＩＤ認証システム（カードキー、パスワード）のような情報通信技術で、ネットワーク的に管理されている。境界の内部における生活は、そこにふさわしい活動の種類や度合いの限界内で営まれるが、そのふさわしさの水準を安定的に維持するのが、物的および情報的なコントロール装置のシステムである。

ただし、人間生活の領域における境界区分は、公と私、私と他人、私たちと私たちでない人たちのあいだに形成されるだけでなく、人間生活の領域そのものを、それをとりまく自然としかいいようのないものから区別していくところにおいても成立する。

瀬戸口明久は、ここに引かれる境界を、「静的に作動する科学技術」と規定する。「科学技術社会は、自然と人間のあいだに厳密な境界線を引こうとする。そしてお互いのあいだを越境して侵入することを容易には許さない。場合によっては許容したとしても、それを厳格に管理しようとする」[7]。そこには、堤防や耐震構造、防潮堤のような建造物だけでなく、水位計、地震計のような観測装置も含まれる。

瀬戸口の議論が重要なのは、人間生活が科学技術に支えられていること、それも、物理的なインフラとして具現化された科学技術に支えられていることを論じるからである。人間生活を自然から区別し、安定的に維持する物的装置の連関が現実に存在するということへと関心を向けていくからである。そしてこの議論を踏まえて思考を進めていくならば、人間生活の内部に引かれた境界を支える科学技術の物的装置の連関が、じつは人間生活と自然を隔てる境界の技術とシームレスに連関しているという仮説を導き出すこともできる。

瀬戸口の考察は、グレアム・ハーマンがハイデッガーの「道具分析」をめぐる考察の検討を経て導き出した見解に近いところに向かいうるものとして捉えることもできる。ハーマンは、一九九九年に開催されたハイデッガー学会のために準備したのにリジェクトされた原稿のリライト版で、次のように述べている。

道具分析は、もしも私たちがそれを、人間の意味と企図の文脈の外には何ものも存在しないということを主張するものとして読むのであれば、うまくいかない。実際のところ、道具分析はその逆のことを証明している。ハンマーの道具的な存在は、技術的ないしは言語的な実践ではなく、人間による意味付与とのあらゆる接触からずっと遠のくXとしかいいようのない何ものかである。道具は「使われる」のではない。それはある。[8]

ハーマンの議論は、瀬戸口が技術に感知する、「静的」な側面において生じる不気味さをめぐるものといえるだろう。人間生活のいたるところに配された道具は、人間がそれに付与する意味や思いとはかかわりなく、ただ存在し、しかもそのあり方によって、人間生活のあり方を根底から、人間に気づかれることなく規定し、左右する。静的な技術が完璧に作動し続けるかぎり、人間生活は、何も起こらぬ安定的かつ円滑な状態で維持され、存続するだろう。ただし、瀬戸口自身も認めるように、技術で支えられた人間の生活空間は、「自然の圧倒的な力の前には脆弱である」。

ときに自然は、境界を越えて人工空間を掻き乱す。河川は氾濫して農地を水浸しにする。竜巻や台風は、家屋の屋根を吹き飛ばして、住居の中をめちゃくちゃにする。そして大地を振動させる大地震は建築物を共振させて破壊し、海岸線を越えて襲いかかる津波をもたらす(9)。

瀬戸口は、自然が境界を越え、人間生活を掻き乱すことがあっても、それはあくまでも例外的なことであり、人間がつくりだした境界はいずれ再構築され、災厄の記憶は忘却され、なかったことにされていくと述べている。つまり、人間生活の世界には、自然の撹乱を一過性のものとして処理してしまう自動的な安定化作用がある、ということだろう。だが、たとえ境界が再構築されたとしても、人間生活の領域を維持する境界が揺さぶられ、破られ、自然としかいいようのないものと混淆してしまうとき生じる何ものかは、人間生活の領域において、容易には消すことのできない一種のトラウマのようなものとしてつきまとうと考えることもできるのではないか。

人間生活の領域が、自然から区別され、人間的なものとして徹底的に自己完結しているように思われたとしても、それでも人間は、自然と出会ってしまうのではないか。

人間の世界・境界・自然との出会い

ここからの考察のために、以下のように仮説的な設定を提示してみたい。

・人間がつくりだす世界は、科学技術によりつくられている。

技術でつくられた生活圏を意味する言葉としてはたとえば技術圏（technosphere）という言葉がある。「世界中におよぶ技術の拡散が、技術圏を規定する。すなわち、地球からの大量のエネルギーの急速な採掘と、それにつづく動力の発生を支えかつ可能にする大規模なネットワーク化された技術である。それらはさらに、遠距離だがほとんど瞬間的なコミュニケーション、高速かつ遠隔的なエネルギーと大量輸送、近代的な政府とその他の官僚機構、食と他の商品を地域・大陸・グローバルな規模で配分することを含む高度に集約的な産業と製造業の展開、現代文明と七〇億人の人間が存在することを可能にする、「人工的」であるか「自然ならざる」無数の追加的な過程を支えている(10)」。

技術圏が、自然世界のうえに、被膜のようにして張り付き、積み重なっている。あるいは自然世界のなかにつくりあげられている。技術圏は人間がつくりだした産物であり、だからこそ人間によってコントロール可能なものと見なされているのに対し、自然世界は、ときに人間に触れてくることがあっても、よくわからないものとして存在している。

ベイトソンが述べているように、人間には人工世界の構築をつうじて自然環境を一方的にコントロールできるという考えが産業革命期以後において優勢になったが(11)、この考えが本当に正しいかどうかが、現代において問われている。災害などにおいて噴出する、自然の野蛮さは、人間世界が自然世界にとりまかれ、そこに積み重なっていることを顕在化させるが、このようなときに、完全なる人為的コントロールが絶対的に可能という想定への疑念が多くの人において生じる。

・人工世界と自然世界のあいだには、二種類の境界がある。

第一の境界は、人工世界が自然世界からみずからを隔て、そこを人間固有の領域として確定するための境界である。ハンナ・アーレントは、地球から隔てられた事物の世界の形成が「天空の下にいるすべての生き物の母体であった地球にたいする致命的な絶縁」とともに完成すると述べている。[12] この絶縁を確定し、不変の状態に保つために構築されるのが、第一の境界である。瀬戸口はそこに、「自然と人間のあいだに厳密な境界線を引き、お互いのあいだの侵入を許さないという側面」があると主張する。[13]

これに対し、第二の境界は、行けるとしても行くべきでない、限界としての境界、越えてはならない一線としての境界である。ただしこの境界は、人間の世界と自然の世界を完全に隔て、切り離す境界ではない。人間と、人間ならざるもののあいだにある、越えてはならない一線としての境界を考えるとき、モートンが示唆するように、エコロジカルとは共存をめぐるものであると考えることが前提になる。「エコロジカルな思想は、相互連関について考えることである」とモートンは言う。[14] つまり、人間の世界をもその一部分とする自然世界において他の存在と連関し合うなかでみずからの世界を保とうとするとき、人間世界は、他の存在の世界と共存できている。このようなとき、第二の意味での境界が保たれている。

とはいえ、ディペシュ・チャクラバルティが論じるように、現代において顕著になりつつあるのは、惑星における人間という種の生活領域の拡張である[15]。この場合、人間の世界の拡張は、人間と自然を隔てその二領域の混淆を阻止するものとしての人工的な境界（第一の境界）を保ちつつ、人間と人間ならざるものの共存の条件としての境界（第二の境界）を破り踏み越えていくようにして起きている。

・人間の世界の崩壊に際して、人は隔てられ絶縁されていたはずの自然世界とあらためて出会う。

人間のためのものとして形成された世界と、そこに含まれることのない人間ならざるものの世界との出会いであり、交錯である。ここでは、人間のための世界を囲む境界（第一の境界）の破れが起きていると考えることもできる。

2　自然のなかにある人間の世界

人間の世界とその崩壊

二〇一四年に千部限定で刊行された川内倫子の写真集『光と影』は、二〇一一年四月、石巻、女川、気仙沼、陸前高田で撮影された写真で構成されている。[16] 三月一一日の震災と津波により、そのときまでは成り立っていた人間生活の領域が壊れたあとに、それでも残された事物が散乱している様子が映し出されている。写真においては、震災の悲惨といった過剰な意味は希薄である。壊れた事物が散らばるなか、軽やかさ、透明感、清浄な空気感、静けさの漂いが感じられる。どことなく、そのときまでに成り立っていた人間世界の足かせから解放されたかのような、自由な空気感すらある。あとがきで川内は、次のように述べている。

　音がなく、ただかつて機能していた人の営みのかけらが地面に積み重なっていて、空がとても広く感じました。その場所でしばし佇んでいると自分が風に飛ばされてしまい

川内倫子『光と影』（スーパーラボ、2014年）より

そうなほどに小さな存在だと思えてきましたが、しかし確かに肉体を持っていまここに立っているという実感もありました。

ただそこに存在する、ということを実感するには静けさが必要なのだと思いました。そしてそれはある種の恐怖を伴います。

川内の写真をみていて思うのは、震災を経た私たちは、人間の生活空間を構成する、円滑に作動する機械装置や建造物といった堅牢な事物の壊れやすさにあらためて思いを馳せていたはずだ、ということである。かつて機能した事物、人の営みでできた生活の場が瓦礫になった後に漂う、静かな空気感。このなかに身を浸す川内には、自分が自分の肉体を持って立ち、たしかに生きていることを感じることができている。私たちはこのとき、人間の生活領域を包み込む広がりのある自然としかいいようのないものが、人為の産物が壊され消えていくときに感じられるようになることに気づいた。そこから、自分たちが自然のなかで、自然において生きていることをあらためて考えるようになった。

だが、このときまで多くの人は、自然のなかで、自然において生きていることを、あまりしっかり考えておらず、それゆえに、たとえ自然なるものが存在することを感じたとしても、これが一体何か、ここで生きてきたことをどう考えたらよいのかという問いを前にして、途方に暮れた。

人為の産物が壊されたあとに漂うものは、現実に事物として存在している。人為的なものが壊されても、それでも自然の世界そのものは、不思議なことに続いている。人為の世界が壊されたあとにも存続しているものが何であるかを意識化し、忘れないでいるためには、ないことにしないためには、ここに漂うものに形を与え、言葉を与えていくことが求められる。現状が回復し、日常が再開されるとき、人は災厄において起きたこと、見えてしまったことを忘れるだろう。なかったことにするだろう。忘れないためには、作品にするか、あるいは言葉にすることで残すしかない。とはいえ、表現し、言葉にしていくことができるためには、災厄において本当のところ何が起きていたのかを感知し、思考するという営みが欠かせない。

川内は、「破滅のあとには創造していくしかない、と思えば、この景色もすべての始まりのように思えました」と書き記す。この一文は、川内が写真集をつくりつつひたすら考えていくなかで出てきたものだと考えられよう。何が起きたかを考えることは、未来に何ができるかを考えることにつながっていく。

川内の見解から、次の問いが導かれる。日常的に慣れていた街が崩壊するとき、そこでは何が崩壊するのか。そして、街が崩壊してもそれでも残るものがあり、創造の始まるところがあるとしたら、そこには何があるのか。いずれにおいても私たちは、ものと出会っている。

だが、崩壊以前、人間的な世界として人工的に構築されていたところへと組み入れられていたものと、崩壊以後、人間的な世界の破綻後に散乱するものは、そのあり方を異にしている。その違いをどのようなものとして考えたらいいのか。

人間の世界の限界としての境界

人間の世界は、自然のなかにつくりだされた人工世界で営まれている。ただし、人間の生活空間が、自然から区別されるところで営まれていることに、普段の私たちは気づかない。それに気づくのは、現実に自然のなかに身を置くときである。
管啓次郎は、富士山の登山について次のように述べている。

日本での三〇〇〇メートル以上の標高を初めて体験しました。そうすると、あるところで森林限界線を越えるでしょう。その先ではどんどん植物が少なくなっていって、枯れたような草のみなさんしかいなくなる。さらに上に行くと、酸化鉄の赤色だけになる。そこに改めて地球の実相を見た、というか。地球は本質的に鉄の星ですから。(17)

管は、地上から高さ三〇〇〇メートルの範囲内が「生命圏」であること、この範囲内でしか人間は生きていないことをあらためて実感したという。ここで出会ったのは、「生命圏」とその外のあいだに存在している境界的なものである。境界の存在が、酸化鉄の赤色という、身も蓋もない事物性と出会ったことで感じられた。
そして管は、「ヒトは地球のまったくの被膜の部分でしか暮らせないし、それ以外の場所には根拠も何ももてない」と主張する。ここでは人間生活の条件が、地球のうえに被さった被膜のようなものとしてイメージされている。つまり、地球という事物の上に被膜として形成される、ということである。このイメージは、チャクラバルティが言及する、エコロジストのデヴィッド・ウォースターが提示したものそのものである[18]。

被膜は、地球の上に人間が作り出しそして広げていくものであるが、この拡張において試みられたのが、自然が課してくる制約への挑戦であった。

管は、「行けるとしても行くべきではない」ところとして、自然による制約を考え直すことが大切であると主張するが、ハンナ・アーレントが『人間の条件』のなかで述べているように、近代科学の発展とともに、人間は地球の制約を逃れ、自然が課してくる限界に挑戦し、それを越えていこうと試みてきた。そしてこの試みの行き着く果てには、人間が地球的制約から徹底的に離脱し、根無し草的なあり方で生きているという状況が待ち受けている。

管の見解は、アーレントが近代的な人間に見出す存在の仕方そのものが、限界に行き当たりつつあることを考えようとするものとして捉えることができるだろう。自然が課してくる限界の完全なる越境も、地球からの完全なる離脱も、おそらくは不可能である。

人はおのれが離脱できたと思いこんでいた地球の現実性と、ときに出会ってしまう。それも地震や台風という、自然の側からの働きかけが人間世界へと侵入するときに出会ってしまう。二〇一四年八月に広島で起きた土砂崩れでは七四人死んだが、被害を受けた人たちの住宅が建っていたのは、かつて「八木蛇落地悪谷」と呼ばれていたところであった。水害の起こりやすいところとして人間に認識されていたということだが、そこは自分たちの生活領域を拡張すべきでないところ、自然が課してくる限界地帯として、「行けるとしても行くべきではない」ところとして畏れられていた。そこを越えると自然の諸力に無防備に晒されてしまうところとして畏れられていた。それでも人間の居住地につくりかえられ、人間生活のための皮膜によって覆われていくことになるのだが、土石流が発生し、住宅が破壊され流された結果、人は自分たちが地球に制約されていること、自分たちの生きている世界が事物で成り立っていること、事物の世界は完全に人間化されることなく、土石流や地震のような諸々の自然現象の際には人間に対抗できない力を及ぼしてしまうだけの潜在力を有するということを、あらためて知らされることになった。

このようなときに私たちは、人間が自分たちでつくりだしたものの内で完結して生きていることができているという前提が揺さぶられていくのを、密かに経験している。

だが、たとえ自然という人間ならざるものの連関する領域と触れても、私たちにはその現実性を自分たちの生存にかかわることとして認め、受け入れることができていない。人間ならざるものの領域は、人間が名づけ、意味付与し、自分たちの世界にしていくという営みに先んじるところ、人間たちの世界をとりまきながら触れてくる境界的な領域において生じている。

「アウラの崩壊」における両義性

私たちは、人間生活の条件のあり方を、事物との出会いのなかで考えることになるだろう。ただしそれは、人間による地表の改変、被膜としての生活領域の拡張が徹底されていくところでの出会いである。つまり、人間化の及ばぬところ、ないしは、人間的な世界の破れ目における出会いである。管はその出会いにおいて、地球にある「鉄なるもの」の存在を感じ取った。

管と同様の感覚は、武田泰淳の文章にもある。武田は富士山を、「無機物の大きなかたまりにすぎない」と評している[19]。山をこう論じてしまう姿勢は、山に人々が感じてきた霊的なもの、神秘的なものへの無頓着、不感症、無感覚と相関している。山を神秘的なものと感受し、「霊峰」として崇め奉ってきたのは人間だけであったが、「霊峰」という捉え方をやめてしまえば、山は、土壌と溶岩と樹林と草原という無機的な事物の集積でしかない。山をたんなる無機物と捉えるのは、ヴァルター・ベンヤミンが述べた「アウラの崩壊」、産業化のもとで霊性や神々しさへの感覚が人間において崩壊するのを積極的に引き受けようとする姿勢とよく似たものである。ベンヤミンは、霊性や神々しさという意味でのアウラについて、次のように述べている。

いったいアウラとは何か？　時間と空間から織りなされた不可思議な織物である。すなわち、どれほど近くにであれ、ある遠さが一回的に現れているものである。夏の午後、静かに憩いながら、地平に連なる山なみを、あるいは憩っている者の上に影を投げかけている木の枝を、目で追うこと——これがこの山々のアウラを、この木の枝のアウラを呼吸することである。[20]

アウラという霊的なものは、遠くにおいて維持され、一回かぎりでつまりは他とは交換できないかけがえのないものとして現れるもののことである。山々にアウラを感じるというのは、その山が、遥か彼方に、手の届かないところにあり、しかも、それを目にする瞬間瞬間に、その容貌を新たにして、神々しいものとして立ち現れるということを条件とする。

そしてモートンの指摘にもあるように、山がアウラをまとうものとして現れるのは、山に住むことなく、日々の仕事のせいでそこから引き離されている者に対してである。その多くは、都会人だろう。山は、とりわけ都会人に対しては、その距離ゆえに、美的に鑑賞されるものとして現れている。[21]

なおベンヤミンは、アウラを、芸術作品の真正性を説明するための概念としてもちいている。芸術作品を真正なものとして感じるとき、そこに発生するのがアウラだが、これと同様のものを、私たち人間は、山々や木々にも感じ取ってきた。

だがアウラという霊的なものは、ベンヤミンのみるところ、崩壊へと向かっている。かつてアウラの成立を支えた条件である遠さと一回性が、二〇世紀以降、写真や映像という複製技術の発達にともない崩壊するとベンヤミンは考える。

事物を自分たちに〈より近づけること〉は、現代の大衆の熱烈な関心事であるが、それと並んで、あらゆる所与の事態がもつ一回的なものを、その事態の複製を受容することを通じて克服しようとする大衆の傾向も、同じく彼らの熱烈な関心事を表わしている。対象をごく近くに像で、いやむしろ模像で、複製で、所有したいという欲求は、日ごとにあらがいがたく妥当性をもってきつつある。(22)

自分と事物との距離を縮小し近づけ、さらに自分のものとして所有することが、事物の複製により可能になる。事物にかつてそなわっていたはずのアウラが崩壊していく。アウラの崩壊は、事物に対する畏怖の念、アウラを感受する姿勢が人間において失われていくことでもある。それは人間の内部におけるアウラへの感度の空虚化ということもできるだろう。人間が、ただ芸術作品にかぎらず、山々や木の枝、さらにいうなら海や川、湖など、自然の風景を、アウラのそなわるものとして感受しなくなる。

アウラの崩壊にともない、そこから解放された山や芸術作品は、複製のイメージ世界にとりこまれ、写真や動画になり、増殖していく。さらにアウラから解放された山は、霊峰としてではなく、観光世界の形成のための素材になる。ギー・ドゥボールのいう「スペクタクル化」である。「現実の世界が単なるイメージに変ずるところでは、単なるイメージが現実の存在となり、催眠的行動を生み出す有効な動機となる。もはや直接には捉えることができなかった世界を、様々な専門化された媒介物によって見せる一つの傾向として、スペクタクルは、他の時代において触覚が引き受けていた人間の感覚における特権的地位を、ふつうは視覚に見出す」[23]。そうであるなら、アウラの崩壊とともに進行するのは、いっそうの複製技術化、イメージ消費ということになろう。かつて霊的なものとして崇められてきた山々は写真集の素材になり、また、観光業で利潤を得るための手段になった。ならば、アウラの崩壊は、人類の歴史においては嘆かわしい出来事であったといえるかもしれない。

それでもベンヤミンの議論は、アウラの崩壊を、積極的なこととして、肯定的な事態として捉えることも可能であるということを示唆している。

> 対象をその被いから取り出すこと、アウラを崩壊させることは、ある種の知覚の特徴である。この知覚は、〈世の中に存在する同種性に対する感覚〉をきわめて発達させているので、複製という手段によって、一回的なものからも同種性を見てとるのである[24]。

つまりベンヤミンは、アウラの崩壊が、事物にたいする別け隔てのない感覚を、つまりは事物を同種のものとして、それ自体には何の神々しさも霊性もない偶然的な状態でバラバラにそしてフラットに並列的に存在しているだけのものとして捉える感覚を発達させることでもあると考えている。

これに対しては、アウラから解放され、それ自体では他のものと同種のただのものとして存在するようになった事物は、商品という物神性に被われることとなり、私たちもこの物神性に幻惑されているため、ありとあらゆる事物に対する同種性の感覚を十分に発達させることができなくなっているのではないかという反論もあるかもしれない。

だが、複製技術化のもとでアウラが崩壊し、人間が自分においてアウラへの感度を空虚化させていくことで、人間は事物をものとして、ただそこにある客体として感覚していくことができるようになったと考えることもできる。そうであるならば、アウラの崩壊を引き受けつつ、それでもスペクタクル化へと飲み込まれることもないスタンスを保つことで、私たちは、自分が生きているところの事物性へ向かうことができるようになる。

自然のとらえがたさ

山々に対する距離の崩壊、アウラの崩壊は、そこに住むことによっても可能となる。そこに住むことで——それはつまり、そこを住処とする動植物と共に住むということであるが——、山々は手近なものとなり、アウラという被いから解放され、人は山々を、人間生活を事物として条件づけているものとして捉えることができるようになる。

武田泰淳が富士山を無機物と評することができたのは、彼がその近くに山荘を建てて住んでいたからである。それにより、富士山は崇め奉られる霊峰ではなく、人間の生活をとりまき、それを成り立たせることの条件である事物性のある自然の世界として、捉えられることになる。富士山に住むという経験について、彼はこう述べている。

ぼくは都会生まれの都会育ちなので、これまで深く自然と接触するということがあまりなかった。それだけに、富士に行くようになってから、人間が自然のなかで暮してゆくことが、どんなに大切なことか、ということがよくわかった。山鳥、うさぎ、いたち、野ねずみ……都会生活ではみられない動物たちといっしょに住んでいるようなものだし、雑木林の枝を切りおとして薪を作ったり、住むために必要な材料を運びこんだり……いろいろなことがありましてね。[25]

富士山は、遠くに眺められる霊峰ではない。武田泰淳という人間主体の営みをとりまき、それと連関する、人間ならざるさまざまな動植物の住まう世界である。じつは、富士山をこう捉える姿勢は現代的なものである。というのも、武田は、富士山とともに生きることの意義を、都会的な生活領域の拡張との関連で主張しているからである。「文明が極度に発達してくればくるほど、人間は自然にもどらなければいけないのじゃないか、都会で小賢しい理屈ばかりをこねて議論ばかりたたかわせていては、人間の根源的なものにふれられない」[26]。つまり、自然から切り離されていく傾向がとことんまで推し進められていく果てに成り立つ都会的生活を営むことへの反省的な自覚から、自然との連関のなかで生きていこうとすることの大切さが見出される。

それは、人間の生活が自然と連関しているところで営まれているということへの自覚といってもいいだろう。つまり、人間生活は真空で営まれているのではなく、事物としての自然と連関するところで、人間でない他なるものに取り囲まれ支えられているところで営まれていることへの自覚である。

二〇〇七年の著書である『自然なきエコロジー』でモートンが述べているように、このように自然を考えることは、環境と人間社会とのかかわりについて考えなおすことでもある。「環境の概念は、おおよそのところ、グループと集団を考えるやりかたにかかわる。人間を自然に取り囲まれているものとして、動物や植物といった他の存在と連関しているものとして考える、というように。それは、共に存在するということ（being-with）に、関係している」[27]。

ただし、モートンが示唆しているように、自然は捉えがたいものである。

自然は、神々しいものと物質的なもののあいだで揺れ動いている。「自然なもの」それ自体というのではさらさらなく、自然は、幽霊のように事物の上をさまよっている。それは、自然を連想させる事物の無限のリストをすり抜けてしまう[28]。

この捉え難さゆえに、近代になると自然は、国民国家の成立と相関するかのようにして、ネーションの概念と緊密に結びつくようになる。あるいは、ロマン主義の時代には、自然は社会的な善の基礎として考察されるようになる。ルソーのような思想家によれば、社会契約を結ぶ者たちは、自然状態から出発した。また、自然は、人種的および性的なアイデンティティを確立する方法となる。つまり、正常なもの＝自然であり、そうでないものを不自然なものとする基準が成立する。あるいは自然は、自由市場の見えざる手や適者生存の法則を正当化するものとなる。[29] そして自然は、それが神々しいものと事物のあいだに位置するものとみなされたために、たんなる事物というよりはむしろ、なんらかの崇高なものを具現した実体として、捉えられるようになる。モートンがいうには、それはバークの崇高なものをめぐる議論において典型的に現れている。そこでは、「主体が敬意を払うべき、外的なものが存在する」とされるのだが、これは君主主義や権威主義の支えとなる考え方である。[30]

これらの自然観に対し、モートンは批判的である。「もしも自然ということで、単一で、独立して、永続している何ものかを意味するというのなら、自然のようなそういう「もの」は存在しないと私は主張する」。[31] モートンが批判するのは、自然を崇高なものとして、有機体論的に捉えようとする自然観である。「自然の観念は、あまりにも現実的であり、あまりにも現実的な世界における、あまりにも現実的な信念、実践、決定に対し、あまりにも現実的な影響をおよぼすものである」。[32] であるがゆえにモートンは、有機体論的な自然観がおよぼす影響に対抗するためにも、それとは異質な自然観を提唱しようとこころみる。

3　自然世界とは何か

世界の事物性

モートンは述べている。「『自然なきエコロジー』で私は、自然の概念そのものが、エコロジー的思考と実践の妨げになっていると主張した」[33]。モートンは、エコロジーの観念から有機体論的な「自然」の観念を取り除くことで、エコロジーの思想を、つまりはエコロジカルに考えることそのものをやり直そうとしている。

それは自然を、人間から切り離され、神秘化された対象として捉えるのではなく、「とりまくもの」として捉えること、人間をも含めたさまざまなものを連関させて存在させる「とりまくもの」の領域として概念化することである。

ところでモートンの思考は、グレアム・ハーマンを中心とする、オブジェクト指向哲学の試みと連動するものとして捉えることもできる。これもまた、私たち人間とは独立の、自律した事物の世界において私たちが生きていることをどう考えたらよいのかという問いからでてきた思考の試みだからである[34]。

ハーマンは、過去百年の哲学の重要だがあまり目立たない傾向は、「客体の一般理論(general theory of objects)」であったと主張する。この主張は、二〇世紀の哲学の成果は言語論的転回だったという考えにたいする批判として行われている。意識の哲学が言語論的モデルに置き換えられていくのに伴い、人間は「言語的な意味作用と歴史的な投射のネットワークから完全に逃れることのできない」自律的でない存在と考えられるようになったが、そこで見過ごされたのが「無機物の世界」であり、そこで人間も生きているという現実であったとハーマンは言う。「だが、これらの果てしない論争の下部で、現実はうごめいている。たとえ言語の哲学とそれへの反動と目されている敵対者のいずれもが勝利を宣言したところで、世界の舞台はさまざまな客体で満たされている。その諸力は放たれ、そしてほとんどの場合愛されていない(35)」。

ハーマンによれば、その代表的な哲学者の一人が、ハイデッガーである。重要なのは、ハイデッガーの「道具分析」である。ハーマンは述べる。ハイデッガーは、事物の第一の現実性は、木片や鉄の切れ端や原子のように、それがそのものとして存在するということにあるのではないと考えた。すなわち橋は、ボルトと構脚のたんなる集積物ではない。「橋は、私がそれをロマンティックな出会いへの道として渡るか、もしくは処刑されることへと歩をすすめる囚人としてそこを渡るかによって、まったく異なる現実性を帯びることになる。第一の場合においては、それは歓喜への橋渡しであるが、第二の場合においては、それは断罪と悲惨へとむかう手段である[36]」。このように事物は、そこで人間が行っていることとの関連で、現実的な意味を持つことになる。

ただしハーマンがいうには、人間は普通、事物とのかかわりのなかで生きていること、事物が支えとなっていることに自覚的でない。「これらの事物のすべては、当分のあいだは忠実であり、それにかんして私が思い煩う必要のない、目立たない機能を果たしている[37]」。人間の主観においては、自分たちの生活が事物にとりまかれ支えられていることはあまり意識化されず、隠されている。それが意識化されるのは、事物が作動しないとき、つまりは壊れるときである。「都市が突然電力を失うならば、私が自分でコントロールできない咳をし始めるならば、私は以前には当たり前のこととして受け入れていた実体のことを突然意識化するようになる[38]」。

ハーマンによれば、ハイデッガーの思考において事物のあり方は、二つに区別されている。一つは、壊れておらず、円滑に作動する状態である。たとえば橋のように、それを構成する無数の事物はひとつのまとまりとなるが、それはただ人がそこを渡るというようにして使用される、便利なものというだけでなく、事物としての存在感を放ち、それが存在することで、風景のありかたを変えるものでもある。

他方で、壊れた事物は、「人間が直接の環境を超越し、そのあるがままのものとしての環境を離脱し、批判的にそれを反省することに対応する」[39]とハーマンはいう。人間は、事物が壊れてはじめてそれに支えられて生きていたことを意識化するが、この意識化から、自分たちをとりまく環境にたいする関心が喚起されることになる。橋であれ、あるいは原子力発電所であれ、私たちは事物を構成要素とする人工的な生活領域のなかで生きているのだが、この領域が壊れたときには、それを改修するのであれ、廃棄するのであれ、人工的な生活領域に無自覚なまま取り囲まれ支えられている状態を脱し、自分たちが生きている領域のことを反省的に捉えることが要請される。

ところでハーマンは、壊れていない事物と壊れた事物との区別に囚われるべきではないといい、壊れるか壊れていないかにかかわらず、人間不在の世界においては、ただ無機物としての事物しかないという。ここでハーマンがいおうとしているのは、事物を考察の対象にするというとき、事物の世界と人間主体との関係性はあまり重要ではない、ということである。

ハーマンは『ゲリラ形而上学』で、自分の関心は事物そのものにあると述べている[40]。それは、「人間がアクセスすることのできる現象としてではなく、自律した客体としての事物のモデルを探求する[41]」ということである。

人間の知覚とはかかわりのない、そこから自律したところにあるものとして事物を捉え、そうすることで現実世界へと向かおうとするハーマンの試みは、人間を「とりまくもの」としての世界へと関心をむけるモートンの試みと、交錯すると考えることもできる。

だが、ハーマンの関心は、人間の知覚や因果法則で事物を捉えようとすることとは独立の、人間不在の事物の世界に向けられている。その点で、モートンとは異なっている。ハーマンは、人間不在の事物の世界――それも、それぞれがバラバラで、互いに対して引きこもった状態にある事物の世界――で事物相互の接触はいかにして起るか、接触において生じるものがあるとしたらそれをいかにして考えたらよいかを主要な問題にしている。モートンは、とりまくものとしての世界において様々な人間ならざるものと相互的に連関し共存している状態において人間はいかにして生きたらよいかを考えようとしている。

相互連関の広がり

人間社会が、社会制度、道徳、公共性といった観点から捉えられる場合、事物が連関していく領域としての世界ないしは環境は、意識の外へと追いやられている。この領域の現実性へと向かうことが重要であると提唱している点では、モートンとハーマンは立場を同じくしていると考えることもできるかもしれない。

だが、彼らの間には違いがある。

モートンが環境を問題にするのは、人間の行為、感覚、思考とのかかわりにおいてそれをどのようなものとして捉えたらよいのかと問うためであり、さらに人間そのものを、環境という広がりのなかにあるものとして捉えなおそうとするためである。モートンは環境について、次のように述べている。それは、「出来事の起る余地のある空間であり、密度があって、具現化されていて、緊張の度合いの高められている環境であるが、完全に満たされているのでもなければ、空虚であるというのでもない。そこには潜在性の感覚が、何かが「今にも」起ころうとしているという感覚があるが、これにふさわしい用語も概念もまだ存在しない[42]」。モートンは、環境を、人間が触れた痕跡がまったくない無垢なものとは捉えようとしない。だからといって、彼はそこを、完全に人間化されてしまうことの可能なものとも考えず、人間化されない余地、完全に人間によって満たされることのない余地があり、そこで何かが——人間の意図とはかかわりのない何かが——起こりうると考えている。

そしてモートンは、何かが起こるところとしての環境を、様々なものの相互連関的な出会いの起こる広がりの領域として考えていく。つまりモートンは、さまざまなものの相互連関を考えつつ、この相互連関を、広がりのなかで、それも巨大なものとしての広がりのなかで考えようとする。「一九六〇年代には、ローカルなものがグローバルなもの以上に重視されたが、それでも私たちは、巨大なものを考える必要がある」[43]。そして、巨大なものの広がりは、限定され、閉ざされ、自己充足的な状態と対置される。すなわち、「限定経済や、閉ざされたシステム」とは違うものとして考えられている。

ただし、広がりの領域は、閉ざされたものを外へと開くところにおいて見出されるものではない。閉ざされたものを開くところに展望される平滑的な空間とは違うが、平滑的なグローバル空間に対抗するローカルな場所の確保とも違うこととして、広がりの領域は考えられている。

モートンはそれを相互連関の絡まり合い（mesh of interconnection）と言い表し、次のように説明する。「それは徹底的な親密性であり、生命体であれ何であれ、他の存在とともに共存することである」[44]。ここでは、様々なものとの共存が、徹底的に親密でありながら、それでも互いに他であること、つまりは違っていて、分離されていて、ゆえによくわからないというあり方で生じてくるということが言われている。モートンは、限定され自己充足的な生活領域のなかに安住せず、よくわからないものと出会っていくところにこそ、相互連関的な絡まり合いの領域が、それも広大な広がりとしての領域が見出されてくることを示唆している。

モートンは、よくわからないものとの出会いの起こるところとして、相互連関の絡まり合いを考えている。そしてこのよくわからないもののわからなさを、モートンは「ネガティブな差異」と言い表し、次のように説明する。「それはポジティブで、本当に存在している(独立していて固形的な)事物を含まない」[45]。ハーマンは、モートンのこの見解に、自分の立場との違いの根拠を見出していく。つまりハーマンは、事物の相互連関が生じているときそこで同時に事物が存在しないということなどありえないと考えている[46]。そしてハーマンは、モートンがこのように考えてしまうことの前提に、意識の働きを重視するモートンの立場があると推察する。実際にモートンは、意識の作用なしで自己組織化するシステムという考え方を批判している。(47) ハーマンは、この箇所を根拠にしてモートンが意識の作用を重視しているというのだが、ハーマンがいいたいのは要するに、事物の非存在なる状態は人間の意識においてのみ生じるのであって、だからこそモートンの議論もつまるところは事物の存在を意識において非存在的なものにしていく一種の唯心論的なものではないのか、ということだろう。

たしかにモートンは、意識の作用を重視している。ただしそれは、汚染や気候変動においては「巨大なものを考え、集合的に思考し、行動すること」のために意識的になることが求められるということであって、意識の働きが事物の存在を非存在的なものにすると主張しているのではない。

むしろモートンは、相互連関的な絡まり合いのなかにあるとき、人間の意識には事物のすべてを把握することができないと考えている。それは次の箇所からも明らかである。

あらゆるものがあらゆるものと相互連関するとしたら、連関されていく事物とは本当のところ何なのか。何らかの重要な意味で、もしも私たちが、それらが何であるかをすでに知っていて、それらが収められることになる箱をすでに持っているとしたら、それらは本当のところ、異質な存在物ではない。もしもエコロジカルな思考が広大なだけでなく深いものでもあるとしたら、想像できないほどにまで大きな絡まり合いの交点において誰が到来し何が到来するかを予見することも予想することもできない[48]。

つまり、相互連関の絡まり合いのなかにある事物が固定的でなくよくわからないのは、それが存在しないからではなく、どのようなものとして存在することになるかが人間にはわからず、予見できないからである。そしてこのわからなさ、予見の不可能性は、相互連関の絡まり合いが人間の生活空間を確定する境界の内に入り切らないことのために、生じてしまっている。

注

（1） Magaret Canovan, *Hannah Arendt: A Reinterpretation of Her Political Thought* (Cambridge, 1994), 107.
（2） Ibid., 139.（同書、二二八頁）
（3） 柄谷行人『内省と遡行』講談社学術文庫、一九八八年、二八三頁。
（4） 金井美恵子『目白雑録5　小さいもの、大きいこと』朝日新聞出版、二〇一三年、六一頁。

（5）トリン・T・ミンハは、フェミニズムやポストコロニアル批評において、自然が「無人の土地（no-man's land）」や「男性の象徴化の及ばないところ」として表象されていると述べている。「女性、他なるもの、自然の概念を、（経済的かつ文化的な）近代化をつうじたグローバルな支配のプロジェクトとの関連で問う」ことが、その背景にある。トリン自身は自然をこのように考えることのさらに先へと行こうとしている。Trinh T. Minh-ha, *Elsewhere, within here: immigration, refugeeism and the boundary event* (Routledge, 2011), 61.

（6）Friedrich A. Hayek, *Law Legislation and Liberty: Rules and Order* (University of Chicago Press, 1973), 20-21. ハイエクの自然と人工の対置と同様のものが、クリストファー・アレグザンダーの「都市はツリーではない」の根本にある（クリストファー・アレグザンダー『形の合成に関するノート／都市はツリーではない』稲葉武司・押野見邦英訳、鹿島出版会、二〇一三年）。ゆえにアレグザンダーが自然というとき、それは人間が時間をかけてつくりだしてきた空間秩序の自然性を意味しており、本書で言おうとする、人間的な空間秩序そのものの外にあるものとしての自然世界とは異なっている。

（7）瀬戸口明久「境界と監視のテクノロジー——自然と人工のあいだ」『情況』第四期二巻六号、二〇一三年、四五－四六頁。

（8）Graham Harman, *Toward Speculative Realism* (Zero Books, 2010), 45-46.

（9）瀬戸口明久「境界と監視のテクノロジー——自然と人工のあいだ」、四五頁。

（10）P. K. Haff, "Technology as a geological phenomenon: implications for human well-being," *A Stratigraphical Basis for the Anthropocene*, ed. C. N. Waters et al., *The Geological Society of London, Special Publication*, 395, 2014, 301-302.

（11）グレゴリー・ベイトソン『精神の生態学　改訂第二版』佐藤良明訳、新思索社、二〇〇〇年、六五〇頁。

(12) Arendt, *The Human Condition*, 1-2.（アーレント『人間の条件』、九頁）

(13) 瀬戸口明久「境界と監視のテクノロジー——自然と人工のあいだ」、四四頁。

(14) Timothy Morton, *The Ecological Thought* (Harvard University Press, 2010), 7.

(15) Chakrabarty, "The Climate of History: Four Theses," 169.

(16) 川内倫子『光と影』スーパーラボ、二〇一四年。

(17) 中沢新一他『惑星の風景』青土社、二〇一四年、二六二頁。

(18) Dipesh Chakrabarty, "The Human Condition in the Anthropocene," Tanner Lectures in Human Values, February 18-19, 2015, 155, http://tannerlectures.utah.edu/Chakrabarty%20manuscript.pdf

(19) 武田泰淳「富士山」『武田泰淳全集第一六巻』筑摩書房、一九七二年、六六頁。

(20) ヴァルター・ベンヤミン「複製技術時代の芸術作品」『ベンヤミン・コレクション1　近代の意味』浅井健二郎編、久保哲司訳、ちくま学芸文庫、一九九五年、五九二頁。

(21) Timothy Morton, *Ecology without Nature: Rethinking Environmental Aesthetics* (Harvard University Press, 2007), 162.

(22) ヴァルター・ベンヤミン「複製技術時代の芸術作品」、五九二－五九三頁。

(23) ギー・ドゥボール『スペクタクルの社会』木下誠訳、ちくま学芸文庫、二〇〇三年、二一頁。

(24) ヴァルター・ベンヤミン「複製技術時代の芸術作品」、五九三頁。

(25) 武田泰淳「富士山と日本人」『武田泰淳全集第一六巻』筑摩書房、一九七二年、三三五頁。

(26) 武田泰淳「富士山と日本人」、三三五頁。

(27) Morton, *Ecology without Nature*, 17.

(28) Ibid., 14.

(29) Ibid., 15-16.

(30) Ibid., 16.

(31) Ibid., 19-20.

(32) Ibid., 19.

(33) Timothy Morton "The ecological thought, part sixth". http://www.rc.umd.edu/blog_rc/?p = 215

(34) この問いが、環境危機や、科学技術の日常生活への浸透、人間と機械の境界線の曖昧化といった現実的動向に触発されてのものであるということについては、L. Bryant, N. Srnicek, G. Harman, ed., *The Speculative Turn: Continental Materialism and Realism* (Re.Press, 2011)の序章で述べられている。

(35) Ibid., 93-94.

(36) Ibid., 96.

(37) Ibid., 97.

(38) Ibid., 97.

(39) Ibid., 94.

(40) Graham Harman, *Guerrilla Metaphysics: Phenomenology and the Carpentry of Things* (Open Court, 2005), 1.

(41) Ibid., 17.

(42) Morton, *Ecology without Nature*, 93.

(43) Timothy Morton, *The Ecological Thought* (Harvard University Press, 2010), 20.

(44) Ibid., 8.

(45) Ibid., 39.

(46) Graham Harman, "On the Mesh, the Strange Stranger, and Hyperobjects: Morton's Ecological Ontology," *Tarp Architecture Manual*, Spring 2012, 19.

(47) Morton, *The Ecological Thought*, 131.

(48) Ibid., 38.

第二章　人間世界の離脱

アーレントは、人間生活が、事物の世界に条件づけられていると考えた。「人間生活は、それが何かをするということに活発にかかわるものであるかぎり、つねに多数の人間と人間がつくりだす事物の世界に立脚する。人間生活は、この世界を去ることもなければ超越することもない(1)」という見解からも、それは明らかである。そしてこの人工的な世界、人間がつくりだした世界が、自然の世界に立脚し、自然の世界にとりまかれることで成り立つということをも、アーレントは思考していた。

ところが、アーレントに関するこれまでの議論では、この世界なるものを、様々な人が私的存在であることを脱し、様々な人の前に現れ、様々な人とかかわることを可能にする開かれた公的世界として論じることが重視されてきた(2)。

人間の条件を公的世界と考えていく議論では、アーレントが人間の条件を人工的な事物の世界と考えていたとき暗に言われていたことの含意については考えられていない。アーレントは次のように述べている。

人間存在におよぶ世界のリアリティの影響(the impact of the world's reality upon human existence)は、条件づける力として感じられ、受けとめられる。世界の客体性――その客体ないしは事物としての性質――と人間の条件は互いに補完し合う。人間存在は条件づけられた存在なので、それは事物なくしては不可能であるが、もしも事物が人間存在を条件づけるものでないならば、事物は互いに無関係なものの堆積になり、世界ならざるものになるだろう[3]。

アーレントは世界を、現実に存在するものとして考えている。そしてアーレントの理解では、世界のリアリティは、人間がそれを客体性のある事物として、手応え(tangible)のあるものとしてつくりだすところに生じる。そのうえでアーレントは、人間が事物の世界をつくりだすというだけでなく、事物は人間存在を支えるものとなることで人間の条件としての世界になると言う。

ここで言われていることをさらに展開するなら、次のようになる。事物が人間存在を支え条件づけるものになるためには、ただ事物があれば十分でなく、事物を素材にして、人間存在を支え条件づけるものへとつくりあげていく人間の実践が欠かせない。この実践がないとき、事物は互いに無関係なものが堆積した状態で放置されることになるだろう。ただし、事物が人間存在の支えとなって存在するには、つくりあげていくことにかかわる実践だけでなく、つくられたものを維持し、存続させていく実践も不可欠である。維持と存続の実践が途絶えるとき、事物は、人間の条件としてつくられていることをやめ、互いに無関係なものの堆積に向かって崩壊していく。

こう考えるならば、アーレントのいう人間の条件は、互いに無関係なものの堆積とは区別されたところ、つまりは乱雑に放置された状態とは区別されたところにおいて形成されていくことを要するものということになろう。言い換えると、人間の条件は、無関係なものの堆積へと崩壊し、崩落しないでいることが偶々できている、きわめて稀なあり方で存立するものであると考えることもできる、ということである。

それは、人間の世界が自然に根ざしてしまっているという現実から逃れられないからである。アーレントは、人間の世界の成り立ちにおいては、自然の過程が人工の世界へと入り込むと言い、そこで自然は「成長しそして衰退する」ものに変化すると言う(4)。つまり自然そのものは永遠の循環運動であるが、成長と衰退は、人間の世界に自然が入り込むことで生じる、人間化された出来事である。アーレントが述べていることを具体的に言い直すなら、桜の木は自然そのもののなかにあるときには生えては枯れるという循環のなかにあるが、人間の世界において植樹され、花見という人間的な出来事と相関するとき、苗木から成長し、樹齢を重ね、次第に老木になって伐られてしまうというように、成長しそして衰退するものとして受けとめられるようになる。

そしてアーレントは、自然が成長しそして衰退するものとして人間世界に入り込むがゆえに、人間世界もまた、成長し衰退するものになると述べる。「自然は、人工の世界を老化させたり、衰退させたりして、それにたえず脅威を与える。これによって、自然は、人工の世界においてもその存在を感じさせるのである」(5)。自然は、人工世界に入り込まされた後にも、その自然さを失わず、成長と衰退という自然史的な時間を人工世界に導き入れてしまう。これが人間世界を不安定にする。

ところでアーレントは、事物が人間のための世界として構築されているところにおいてたしかなリアリティが生じているると考えているが、事物が人間のための世界になることができていない状態については、世界ならざるものと考えている。つまりそこには、人間生活を条件づけ、人間存在に影響を及ぼすという意味でのリアリティはない、ということである。

だが、本当にそうだろうか。人間のための世界として構築されるのをやめた事物の集積としての瓦礫の山や、家屋が撤去されたのち放置された空地に生い茂る雑草には、アーレントのいう意味での世界性はないかもしれない。それでも現実に存在しているし、独特の存在感を放っていると考えることはできないのか。

1　人間世界と自然世界の連関

人間ならざるものの世界

以上のアーレント読解とその拡張の試みは、現代の思想（思弁的実在論、オブジェクト指向存在論など）において、人間をとりまく世界には、人間の意識とは相関しない、事物性ないしは客体性があるということへの関心と、事物の世界が崩壊せずに偶々成り立っていることの奇妙さへの関心が高まっているということを踏まえている。

たとえばメイヤスーは、『有限性の後で』で、世界は人間の思考や予測とは相関しないところにおいて成り立っていること、人間の願望や意識とは関わりなく、世界は急に崩壊することもあるし、全く違うものに変化してしまうこともありうることをめぐって哲学的な論証を試みた。

なぜメイヤスーのような哲学が二一世紀に登場し、多くの人に読まれるようになったのか。その背景では、いったい何が起きているのか。

モートンは、メイヤスーたちの哲学を、人間の歴史と地質学的な歴史が一致しつつあるのではないかという不安に促されたものとして考えようとする。人間の世界は、人間をとりまく自然世界のなかにつくりだされた人工世界において成り立っているが、人間世界と自然世界の境界が薄れ、人間世界が自然世界の影響を受けやすくなっているのではないかという不安混じりの意識が、二一世紀において生じつつある。この意識を明確にしようとする試みが、メイヤスーやハーマンの哲学であり、さらにはモートンの哲学であるとモートンは主張する。(6)

たしかに、地震や集中豪雨は、私たち人間の予測や願い、未来への見通しを裏切るようにして起こり、ともすれば、人間生活の条件を事物の水準で破壊する。そのようなとき人間は、自分たちの生活を成り立たせている何ものかが、自分たちが抱く現実像を越えているというだけでなく、現実像から離れてしまったところにあるのかもしれないと、不安を感じる。自分たちの現実像はじつは使い物にならなくなっていて、それとは別の現実像を描き直すことが本当は求められているのではないかと疑念を抱く。

本書が試みるのは、現実像の更新である。それはハーマンやモートン、さらにはマヌエル・デランダなどからも示唆を得て書かれているが、さしあたり手がかりにしたいのは、アーレントが提示した人間の条件の人工性、事物性である。人工世界の脆さ、つまりは自然から離れて自己完結しようとしても自然が猛威をふるうときにはなすすべもなく崩壊することを、どのようなこととして、どのようにして考えたらいいのか。アーレントが述べていることを踏まえたうえで、それでもアーレントには十分に述べることができていない帰結をそこから導き出すことを試みつつ、この問いについて考えてみたい。

人間生活の条件が脆いのはなぜか。人間的な意図の産物という意味での人工空間としては完結しえず、生活を営む人たちをとりまき支える自然と出会ってしまうところにおいて形成されているからである。モートンが、「事物には奇妙なところがある」と主張するのは、人工と自然が密かに出会うところにおいて事物が存在するという直観があるからである。それでも日常的な人間生活においては、事物の奇妙さは、普通は意識化されることがない。人間がつくりだす世界のなかで生きていることに慣れてしまうと、その外にある世界、つまりは人間がつくりだすこととは無関係に存在する世界は、アーレントのいう「世界ならざるもの」と知覚され、そこで感覚が閉ざされ、思考も進まなくなってしまうからである。

二〇一一年の地震と津波、原発事故以後の時期において高まったのは、人間は、自然としかいいようのない何ものかにおいて生じる出来事に影響されつつ生きているということへの反省的な意識であった。人間生活の領域を、自然から独立の、自然とは無関係の精巧な人工世界と考えていく想像力がどれほどまでに浸透しようとも、人間生活の領域は、自然世界の上に積み重なり、そこに張り付くようにして存在する、事物性のある世界であることにかわりはない。

人間は、自然によって支えられ、左右されている。ただし自然は、いつも穏やかではない。自然には、人間たちの意のままにならない野蛮さがある。野蛮さが顕在化するとき、私たちは自然との連関を、相互浸透性を意識化する。自然により拘束されていたことを意識化する。人間は、自然において、自然と連関しながら生きている。しかも自然は、人間の意のままにならない。ときに人間を脅かす。ゆえに人間に求められるのは、自然のままならなさを認めたうえで、それと折り合いをつけながら生きていくということであった。

地震と津波と原発事故が突きつけたことを、人間のあり方と深くかかわることとして受けとめ、自分たちを、人間を問い直すことが、本当は求められていたのだろう。自然と連関し、自然に左右され、そのままならなさにつきまとわれているものとして、自分たちのあり方を考え直すということである。それでも人間は、自然とのかかわりゆえに生じてしまうどうしようもなさ、不自由さを、じっくり考えてこなかった。

チャクラバルティの二〇〇九年の論文「歴史の気候——四つのテーゼ」によると、これまでのところ人間の自由は、他の人間や、他の人間がつくりだすシステムが押しつけてくる、不正、抑圧、不平等、画一性をいかにして逃れていくかという問題にかかわることとして理解されてきた。進歩、階級闘争、奴隷状態との闘い、ロシア革命、中国革命、ナチスとファシズムへの抵抗、脱植民地化、キューバとベトナムといった歴史的出来事も、その観点から理解されてきた。

チャクラバルティの見解を踏まえ、アミタヴ・ゴーシュは、「人間ならざるもの（nonhuman）の諸力やシステムは、自由にかかわる問題としては問われることなく、むしろ、自然から解放され、独立していくことこそが、自由そのものの特質とされてきた」と述べている。(7)それゆえに、自然が人間を支えることもあれば、人間のあり方を左右し、拘束し、制約し、脅かすといった事態は、ないことにされていた。人間の条件の自然性をどう考えるのかという問題が、ないことにされていた。

もちろん、自然について語られてはいる。自然との調和、自然にやさしい生活といった議論である。ただし、トリン・T・ミンハが指摘するように、一九八〇年代の先進諸国では、消費社会化のもとで自然は女性らしさと結びつけられ、自然の緑、魅惑的な香りといったものが、売り物にされていく。

環境危機と破局の観点から自然を描き出してきた言説と、自然を文化の生産のために飼いならし領有するという伝統に近い観点から自然を飾り立て続ける言説の両方が、同一の歴史的ネットワークに関与している。たとえば「緑と清潔」という標語は、快楽と解放と成功の女性化された文脈へと再適合されるが、そこでは、エデンの園、失楽園、禁じられた果実のイメージが楽しげに栄えている。(8)

自然は、自然にやさしい生活といったイメージのもと、積極的に語られてきた。だがこの場合の自然は、自然について人間が抱く有機体論的で調和的なイメージに従属している。フェアトレード商品のように、あからさまな商品化の論理とは異質の回路をつくりだそうとする試みもあるが、それでも、自然な色や香りを活用したブランド物の衣服や香水、オーガニックなカフェのように、商品価値を高めるためのイメージとして、自然が活用されることもある。

二〇一一年の震災は、人間を自然とのかかわりのなかで、それも人間が抱くイメージに従属しないものとしての自然とのかかわりのなかで問い直すことを促す、重大な出来事であった。それでも、このような出来事があっても、人間のあり方の問い直しがおのずと生じることはない。人間のあり方は、自然に左右されることのないものとして考えられてきたからである。この思考習慣、ないしは思考の深層を規定するイメージのようなものが変わらないかぎり、震災のような巨大な出来事があっても、この出来事すらもが長らく続く思考習慣のもとで処理され、忘れられてしまう。

トリンが指摘する、商品イメージの自然化も、自然という他なるもののままならなさのなかで生きていることのリアリティを見ないようにさせ、感じさせないようにする、資本主義的な生産様式に条件づけられた機制に属するものということができよう。

人新世

震災において一瞬みえてしまったリアルなものが何であるかを考えるためには、これが二〇〇〇年代になって世界的に問われるようになった重大な問題と深く連動しているというようにして考えを進めていくことが求められる。人新世である。

人新世は、パウル・クルッツェンとユージーン・F・ストーアーマーが提唱した学説である。この学説は、二〇〇〇年に発行された『グローバル・チェンジ・ニュースレター』で「人新世」という表題で発表された後、二〇〇二年には『ネイチャー』誌に「人類の地質学」という表題で発表され、さらに様々な媒体で発表されていくのだが、そこで一貫するのが、「地球と大気に対する人間活動の影響力の上昇」を素直に認めたほうがいい、という主張である。具体的には、以下の事実が根拠とされる。

過去三世紀にかけて、人間の人口は一〇倍になって六〇億に達し、それにともない家畜の数は一四億になった（平均的な大きさの家族一世帯につきおよそ一頭の牛がいる）。都市化は過去の一世紀でまさに一〇倍になった。わずか数世代で、人類は、数億年かけて生成された化石燃料を使い尽くしている。石炭と石油を燃焼させることによる二酸化硫黄の大気中への放出は、一年あたり一六〇テラグラムになるが、それは主に海からの海洋性ジメチルスルフィドとして発生する自然な放出の総量の少なくとも二倍である。地表の三〇％から五〇％が人間活動によって変容してきた。地上のエコシステムすべてにおいて自然に固定されているのよりも多くの窒素が今や合成的に固定され農業で肥料として使われている。化石燃料とバイオマスの燃焼に発する一酸化炭素の大気中への放出は自然なインプットよりも膨大で、世界の広範な地域において光化学スモッグを発生させている。アクセス可能な新鮮な水の総量の半分以上が人類によって使用されている。人間活動は、熱帯雨林において、種の絶滅率を千から一万倍にまで増大させ、いくつかの気候的にみて重大な「温室効果ガス」が大気中で実質的に増大してきた。二酸化炭素は三〇％以上、メタンは一〇〇％以上増大してきた(9)。

論述はさらに続くが、クルッツェンたちは、膨大かつ領域横断的なデータを根拠にして、人間活動が地球に及ぼす影響が、火山の噴火や隕石の衝突のような出来事に匹敵するほどの力を持ちつつあり、しかもその影響ゆえに、およそ一万年前に始まる完新世という地質学的時期区分を終わらせるほどのものになっていると主張する。すなわち、地球の軌道に生じる変動や太陽光における変動、火山活動のような出来事とは別に、人間活動が地球のあり方を変えてしまっている、という主張である。プラスチック、アルミニウム、コンクリートのような物質の堆積、化石燃料の燃焼にともなう黒鉛の排出、森林伐採と道路建設による土地の浸食、ダム建設による堆積物の蓄積がもたらすデルタ地帯の沈下といったことが、そこには含まれる。その要因は、「科学技術の発展、急激な人口増加、増大する資源の消費」である[10]。

そしてその始まりは、一八世紀後半とされる。極氷に閉じ込められた空気の分析から、二酸化炭素とメタンガスの増大の始まりがこの時期であることが判明したことが根拠とされるが、ジェームス・ワットの蒸気機関の発明が一七八四年であることも、さらなる根拠とされる。一九四五年のニューメキシコでの核実験、広島・長崎への原爆投下も重大な出来事であった[11]。

この主張が、地質学という理科系の学問領域内で完結せず、その領域を越え、哲学や文学、歴史学といった領域にまで波及し、人間存在のあり方の根底的な問い直しを迫る衝撃力を持つものとして、受けとめられることになった。

人新世における人間の条件

人新世の問題に対し、クルッツェンたちは、「環境的に持続可能なマネジメントに向けて社会を導くこと」が大切であると主張する。「これはすべての規模において適切な人間の行動を要請し、たとえば気候を「最適化する」ための、国際的に受入れ可能な、大規模な地球工学のプロジェクトをも必要とする」[12]。

変動しつつある気候を、なおも人為的な力でコントロールできるという考えが、この見通しを支えている[13]。人間活動が地球や大気に及ぼした影響ゆえに引き起こされている温暖化やゲリラ豪雨や大気・海洋汚染などの問題をも、さらなる人間活動でコントロールできるという信念がそこにはある。つまり科学者であるクルッツェンたちは、人間には自然を工学的にコントロールできると考えている。

だが、人新世の問題は、人間にはコントロールできない自然とともに生きていく存在として人間のあり方を考え直すことを迫るものであると考えることもできる。ここでこそ、人間のあり方について考えることを責務とするはずの文系学問の営みが要請されているのではないか。

チャクラバルティの「歴史の気候——四つのテーゼ」は、人新世という学説を、人間のあり方の問い直しをせまる問題として受けとめ論じ直すことを試みた点で、先駆的な論文であった。そこで彼は、気候変動やグローバルな温暖化が惑星規模の危機を引き起こしていることを前提にして議論を開始し、この危機が、過去から現在、そして未来へと線形的に持続し進歩していくものと長らく考えられてきた人間社会のあり方を揺さぶるものであると主張する。

チャクラバルティは、人間自身が惑星のあり方を改変してきたことの帰結として気候変動が起こりつつあるという学説にもとづき議論を展開するのだが、彼が独特なのは、人間が二酸化炭素を排出し地表を改変し温暖化を引き起こし様々な生物を絶滅させていることを道徳的に批判するのではなく、人間が生活する条件そのものが、気候変動や温暖化という地球のあり方の変化と連動するかのようにして変化しつつあることを、存在論的な問題として考えようとするからである。

重要なのは、人間が地球と大気に影響を与えてしまう存在になったことをどう考えたらいいのかという問題である。それをチャクラバルティは、人間と自然の境界線が破れつつあることとの問題として捉えていく。ただし彼は、人間が自然と区別されながら相互依存的で親和的な関係にある一体性の回復を夢想するなどということはせず、「人間が、地質学的な意味において、自然の力になっている」ことを認めるところから考えていこうとする。この一文は、人間が地球に与える力を高めていくうち、人間そのものが地質学的な存在になりつつあるということを示唆するものである。人間と自然を隔てた境界は、人間がみずからの活動力を人間固有の領域の外部にまで意図せずして及ぼすようになるのにともない、破られていく。温暖化、干ばつ、洪水、ゲリラ豪雨が人間社会に影響を及ぼすようになったのも、人間と自然の境界が破られていくことの帰結と言えるが、その破れを引き起こしたのはじつは人間だった。

人間と自然を隔てた境界が破られるのにともなって、人間は、自然のなかへと入り込んでいく。そこでは自然だけが改変されるのではない。人間も、その存在のあり方の深いところで、改変されていく。チャクラバルティは、人間の条件にかかわる改変を、次のように論じている。

惑星の温暖化が脅かしているのは、地質学的な惑星そのものではなく、完新世の時期に発展した人間生活の生存が依存することになる、生物学的であり地質学的でもある条件そのものである[14]。

ここでは、地球温暖化が、惑星そのものの問題ではなくて人間の条件にかかわる問題であると言われている。つまり、人間生活の存続の条件である。チャクラバルティは、農業革命から産業革命を経て現在にまでつづく人間生活の条件を、大気や土壌、海や河川のような物質的なものと連関するところで形成されてきたものとして考えようとしている。

二〇一五年にイェール大学で行なわれたレクチャーでは、チャクラバルティは、人間的な生（bios）とその外に広がる生（zoe）の区分にもとづくアーレント的な人間の条件を問い直すことの大切さを述べる[15]。この主張は、二〇〇九年の論文からの展開といえるだろう。アーレントの理解では、人間のための公的世界は、その外に広がる「世界ならざるもの（non-world）」から区別されることで成り立っている。世界ならざるものは、人間の条件になることのできない事物で、そのかぎりでは、無用物である。世界ならざるものを排除し、世界ならざるものから区別され、撤退することで、人間の条件としての公的世界は形成され維持されると考えられてきた。

だが、アーレントの著書が書かれたときからおよそ六〇年が経とうとしている現代においては、この境界が、不可避的に壊れつつある。公的世界と自然世界を区別してきた境界の崩壊は、公的世界の理念を堅持するだけでは、押しとどめることができそうにない。

2　人間世界と自然世界の相互連関的な掻き乱し

人間の条件の事物性

チャクラバルティは、人間の条件を、人間生活を支えるものとして考えようとする。しかも、「近代に関する私たちの思想にとって中心的な制度が存在することを限界づけ、私たちがそこから導き出す意味をも限界づける（境界的な）条件」と言い表していることからも明らかなように、制度や意味という人間の意識の産物そのものを下支えする何ものかとして、人間の条件を考えようとしている。

ここに着目するならば、彼の議論を、アーレントの『人間の条件』の議論を展開させているものとして、読み解くことが可能である。

実際アーレントも、人間生活を支えるものを、事物性のあるものとして考えている。彼女は次のように主張する。

人間事の事実的な世界の全体は、そのリアリティと持続する存在のためにも、第一に、見たり聞いたりしただけでなくこれから思い出すことになる他者が現前していることを拠り所にするが、第二に、無形のものを事物の有形性（the tangibility of things）へと変様させていくことをも拠り所にする(16)。

アーレントは、人間生活のためのリアルな場を、空間性のあるものとして考えている。それはまず、複数の人が行為し会話するなかで互いにおのれを現れさせていくところに形成される「現れの空間」であるが、この箇所でアーレントは、現れの空間が事物性のあるものとして形成されると論じている。続けてアーレントは述べる。

人間世界のリアリティ、そしてその信頼性は、私たちが事物に取り巻かれているという事実に、それも事物の生産にかかわる活動よりも長続きし、さらに潜在的にはその製作者の人生よりも長続きする事物によって取り巻かれているという事実に、まずはもとづいている。人間生活は、それが世界を建設するものであるかぎり、物象化の不変の過程（constant process of reification）に関与する。そして生産された事物――そのすべてが、人間の人工世界を形成していく――の世界性（worldliness of produced things）の度合いは、世界そのもの（world itself）におけるその永続性の度合いがどれほどであるかに左右される。[17]

ここでアーレントは、人間が生きることを、三つの水準で考えている。

（1）まずは、人間の世界がある。これは、複数の人間が行為し会話するなかで形成する現れの空間である。

（2）そして、事物の世界がある。これは、人間生活とのかかわりのなかで形成される世界であり、だからこそ、人間活動とは無関係の、大地そのもの、河川そのものとは区別される。

事物の世界は、それを形成した人間よりも長続きする。この長続きするという性質を、アーレントは、有形性や物象性、世界性といった言葉で言い表すが、アーレントの議論が重要なのは、この性質はおのずと存在するのではなく、人間が実際に作っていくという営みとともに生じてくるということを主張するからである。

（3）さらに、世界そのものがある。人新世の問題設定を参照するなら、世界そのものは、人間の世界、および事物の世界がつくられていくことに先立つ、地球、惑星そのものを意味していると考えられる。惑星としての世界そのものに、事物の世界が積み重なり、そこに人間の世界――間主観的に共有される意味の世界、フィクショナルな世界――が形成されていく。

ここで提示された見解を、人新世の問題設定との関連で読み解くことが課題になるが、それは事物性を、記号やイメージと対置する読解とは異なる。ジョージ・ベアードの次の読解とも異なる。ハーバード大学デザイン大学院やトロント大学で建築を教えただけでなく、建築や都市に関して数々の論争的な著述を行っているベアードは、一九九五年の著書

『現れの空間』で、構造主義やポスト構造主義の思想が建築の外から入り込むのにともなって、建築においては記号やイメージが重視され遊戯的な建築が続発するようになったことの問題を考えるうえで、アーレントの議論が重要であると述べている。

ベアードは次のように主張する。記号やイメージの氾濫においては「徹底的な主観主義」が重視される。そしてそこで「人間は、「物象化された世界」からたしかに自由になったが、それは同時に彼らの物語が続いていくのを可能にするであろう現実性と確かさを失うという代償を払うことによってそうなる[18]」。

事物の質感、素材感が漂白されたまっさらな空間をつくりだすこと、抽象的なイメージをそのまま具現化したような静謐な空間をつくりだすことが目指された状況にかんして、ベアードが問題とするのは、世界の事物性への関心が記号やイメージの氾濫のもとで減退し、人間の生活が実際に営まれ、物語られていくための舞台となるべき事物性への関心が、現実世界で低落していく、ということである。そこではもちろん、貨幣で交換可能なものが重視され、そうではないものの大切さへの感度が落ちていくことの問題もある。ベアードが提示する問題は、いまだに重要である。

離脱する人間世界

だが、人新世のもとで提示され、思考が求められているのは、厳密に言うと、これとは別の水準に位置する問題である。

クリストフ・ボヌーイたちの著書『人新世の衝撃』では、アーレントの『人間の条件』をめぐる考察について、次のように論じられている。『人間の条件』の冒頭では、スプートニク号の打ち上げについて、人間が地球から身を引き離し、離脱することを意味するものとして論じられるのだが、それをボヌーイたちは、「彼女はスプートニク号を、人間の条件の近代的な否定を表象するものと見なした」と解釈する。そのうえで、アーレントの考察が人新世にもあてはまると言い、次のように述べる。すなわち、そこで言われているのは、「自然な外部性としての地球を完全に占有しそれを技術化された自然へと変容させるべく地球を消滅させていく人間性であり、人間活動によって全面的に浸透されていく地球」である[19]。

たしかにアーレントは、人間が地球から離れていくことの問題を、人間が人間世界の内に閉じこもり、そこから地球のあり方を人間にあわせて操作し改変していくこととして考えようとした。それをアーレントは、世界疎外と言い表す。それゆえに、ボヌーイたちの読解は的確である。それでもボヌーイたちには、アーレントが世界疎外を「人間の条件の否定」として考えることから導き出されうるさらなる帰結がいかなるものかということについて、じっくり思考できていない。

アーレントの議論が重要なのは、彼女が人間の世界と自然世界とのかかわりを、二通りのやりかたで、それも一貫しないやりかたで、考えようとするからである。

一方では、自然な地球は、人間がつくりだす世界とはまったく異なる「世界ならざるもの」であり、瓦礫、雑草からなる、一種の無住地と考えられる。それに対し、他方では、惑星的なものとしての自然は人間存在が生活を営むうえで決定的に重要なものと考えられている。『人間の条件』でも「単一の人間ではなくて複数の人間が地球で生活し、世界において住んでいる[20]」と述べられていることからもそれは明らかである。そしてアーレントは、近代においては後者の意味での自然が蔑ろにされ、人間がつくりだす世界から見放され、疎外されていくと論じる。

このようにアーレントは、人間と自然が引き離されていくことを、一貫しないやりかたで捉え、論じている。人間がつくりだす世界が成り立つには、自然から離れ、自然を「世界ならざるもの」と見なしてしまうことが求められるが、この離脱は、人間の生活の条件であるはずの自然からの疎外でもある。アーレントは、ここにある困難に気づいているし、首尾一貫しないやりかたでしか語れないことを引き受けつつ、語ろうとしている。

切り離されたはずの自然が人間世界を搔き乱す

チャクラバルティは述べている。

私たちの政治・経済的な選択や技術的な選択が何であろうと、あるいは私たちが私たちの自由として称揚しようとしてきた権利なるものが何であろうと、人間存在の限界的な諸条件として作動してきた条件（惑星を存在させてきた気候のゾーン）を不安定化させることは私たちにはできない。これらの条件は、政治・経済の制度の歴史よりも長く安定的であったし、このおかげで、人間存在が地球において優勢な種になることができた。残念なことに、今や私たち自身が地質学的な行為者になり、私たち自身が存在するのに必要とされるこれらの限界的な諸条件を搔き乱す（disturb）ことになる。(21)

この見解は、アーレントの議論の枠の外で現実に進行していた事態に向けられている。

アーレントは、人間の行為が、「現れの空間」における複数的な相互的行為と「現れの空間」を建設する制作的な行為の二つで構成されると考えているが、現代の人間たちは、自分たちが地質学的な行為者でもあったということに気づきつつある。アーレントは、人間がつくりだす世界（現れの空間そのもの）と自然な世界そのものを区別し、人間の行為の及ぶ範囲は人間がつくりだす世界（そこには政治経済の制度や科学技術システムも含まれる）に限定されると考えているが、チャクラバルティは、じつは人間の行為が、「世界ならざるもの」とアーレントが見なした自然の領域にまで、知らぬ間に及んでしまっていると考えている。

そしてアーレントは、人工物としての世界の形成を、地球そのものからの離脱と相関させて考えている。離脱は、人間の世界が形成されていくことの必須条件であるが、他方では、人間生活の不可欠の条件ともいえる地球的なものから切り離されてしまうことでもある。

これに対し、チャクラバルティは、人間が地質学的な行為者になり自然世界そのものに影響を及ぼしていることを認めようと言う。そのうえで、地質学的な行為者としての人間が人間の存在の支えとなる条件そのものを掻き乱しているというのだが、この掻き乱しは、人間世界が自然から切り離されてしまうことの問題というだけでなく、切り離したはずの自然世界がじつは人間世界につきまとっていて、ときに人間世界へと境界を破って侵入し、人間世界のありかたに揺さぶりをかけ、ときに崩壊させることもあるという人新世的な状況を生じさせたきっかけともいえる。

このとき人間は、人間世界が自然から切り離され、自己完結的になるなどということはじつはありえず、二つの世界がふれあい連関してしまっていることにあらためて気づかされる。

たとえば、片寄俊秀の『実験都市』では、千里ニュータウンの開発が周辺地域に土砂災害を増大させたという事実が述べられている。

千里ニュータウンは、山田川、正雀川、高川、天竺川の流域に位置している。そして、一九六一年の建設開始とともに、これらの河川を介して下流周辺地域一帯に数々の洪水災害や土砂流出災害が発生していたのである。……大都市のベッドタウンとして建設されるニュータウンは、多くの場合、それまで人の住まなかった丘陵地に計画される。この丘陵地に発した河川は麓の古くからの集落の間をぬって平野に至り、そこに開けた既成市街地を経て一級河川または湾へと注ぐ。それゆえ、丘陵部の造成で増加した洪水をそのまま流せば、大規模な災害を招くのは当然の帰結である。[22]

片寄は、災害の予防のために、遊水地の設置や河川改修工事が求められるというように議論を進めていく。[23]本書の関心に引き寄せていうなら、片寄が提示する土砂災害は、人工世界の自然世界からの離脱はかならずしも二つの世界の完全なる無関係状態に帰結するとはかぎらず、むしろ、人工世界が自然世界を改変することで影響を及ぼしており、しかもその影響が、ニュータウンという人工世界の内部ではなくてその外に広がる周辺地域に及んでしまっていることの例証といえる。

注

（1）Arendt, *The Human Condition*, 22.（アーレント『人間の条件』、四三頁）
（2）リチャード・セネット『公共性の喪失』北山克彦・高階悟訳、晶文社、一九九一年など。
（3）Arendt, *The Human Condition*, 9.（アーレント『人間の条件』、二二頁）
（4）Ibid., 97.（同書、一五三頁）

（5） Ibid., 98.（同書、一五三－一五四頁）

（6） Timothy, Morton, *Hyperobjects: Philosophy and Ecology after the End of the World* (University of Minnesota Press, 2012), 9.

（7） Amitav Ghosh, *The Great Derangement: Climate Change and the Unthinkable* (The University of Chicago Press, 2016), 119.

（8） Trinh T. Minh-ha, *Elsewhere, within here: immigration, refugeeism and the boundary event*, 61

（9） Paul Crutzen and Eugene Stoermer, "The Anthropocene," *Global Change Newsletter* 41. no 1 (2000), 17.

（10） Colon N. Waters, Jan Zalasiewicz, et al., "The Anthropocene is functionally and stratigraphically distinct from the Holocene," Science 351: 6269 (8 January 2016).

（11） Zalasiewicz, J. et al. "When did the Anthropocene begin? A mid-twentieth century boundary level is stratigraphically optimal," *Quaternary International* 385 (5 October 2015), 196–203.

（12） Paul Crutzen and Eugene Stoermer, "Geology of Mankind," *Nature* 415. no. 23 (3 January 2002), 23.

（13） 二〇〇七年の論文では、次のような解決案が提唱されている。一つは緩和措置（mitigation）である。「地球資源の適正な利用、人間と家畜の人口数のコントロール、自然環境に配慮した活用とその復元」であるが、最終的に目指されるのは、グローバルな環境が人間により作り変えられてことで起こりうる、危険であるかもしくはコントロール不能なレベルでの突発的変化を回避することである。地球システムが、人新世以前の段階にまで戻ることが理想とされる。そしてもう一つがジオエンジニアリングである。人工的に温暖化を抑制することだが、その一つとして、二酸化炭素を地底深くに封じ込めるというシナリオが提唱され、さらにもう一つとして、硫酸塩を成層圏へと放出することで地球へと降り注ぐ太陽光の量を減らすといったシナリオが提唱されている。Will Steffen, Paul J. Crutzen and John R. McNeill, "The Anthropocene: Are

Humans Now Overwhelming the Great Forces of Nature?" *Ambio*, vol. 36, no. 8（December 2007）, 619–620.
（14） Dipesh Chakrabarty, "The Climate of History: Four Theses," *Critical Inquiry*, vol. 35, no. 2（Winter 2009）, 213.
（15） Dipesh Chakrabarty, "The Human Condition in the Anthropocene," Tanner Lectures in Human Values, February 18–19, 2015, 142. http://tannerlectures.utah.edu/Chakrabarty%20manuscript.pdf
（16） Arendt, *The Human Condition*, 95.（アーレント『人間の条件』、一四九頁）
（17） Ibid., 95–96.（同書、一五〇頁）
（18） George Baird, *The Space of Appearance*（MIT Press, 1995）, 22.
（19） Christophe Bonneuil, Jean-Baptiste Fressoz, *The Shock of the Anthropocene: The Earth, History and Us*（Verso, 2016）, 61.
（20） Arendt, *The Human Condition*, 7.（アーレント『人間の条件』、二〇頁）
（21） Chakrabarty, "The Climate of History: Four Theses," 218.
（22） 片寄俊秀『実験都市――千里ニュータウンはいかに造られたか』社会思想社、一九八一年、二一一二二頁。
（23） 片寄は千里ニュータウンの開発に従事した技術者である。ゆえに、あくまでも技術者の視点から、排水の問題を考えている。そして、洪水が起きたことの要因が、ニュータウン地区内から排水を行なううえでの設計思想にあり、それが無理のあるものであったと主張する。すなわち、宅地造成以前から自然の山林にそなわっていた保水力を保ちつつ排水設計をおこなうべきだというのが片寄の主張であったが、現場で主流だったのはそれとは真逆の「地区内から一刻も早く洪水を排除すべきだ」という意見であった。そのため、保水力に頼らずすべて人為的に排水施設をつくりだすことが行われたが、結果として生じたのは次の事態であった。「かつて木々で覆われていた丘陵地がブルドーザーで伐り開かれ、田毎の月をめでることのできた谷間の田や溜池が埋めつくされた時、地区一体の保水力は一挙に低下した。やがて道は舗装され、側溝はコンクリートで固められ、家々の屋根が瓦とモルタルで仕上がった時、雨水は地面に浸みこむ暇もなく、滑らかになったこれらの表面を走って下流の河川に流れ込んだ。「地区内」からの洪水時の流出量は圧倒的に増大した。そしてその負担はすべてニュータウンの「地区外」に課せられたのである」(同書、二一四頁)。

第三章　人間世界の脆さ

テジュ・コールは、二〇一七年四月一一日の『ニューヨーク・タイムズ』で、日本の震災の後に撮影された写真について論じている(1)。

川内倫子をも含めた写真家たちは、悲劇に反射的に反応するだけでなく、「悲劇を越えたところへと行き、私たちに新しい言語を与えてくれる」とコールは評価するのだが、彼が独特なのは、震災後の写真を見ていたときの気分を、一九五〇年代から六〇年代にかけて行なわれたアメリカの核実験の映像をYouTubeで見ていたときの気分と重ね、二つを意識の深いところで混淆させながら、現代世界の底で起こりつつある事態を、次のようにして描き出すからである。

何か大変なこと――洪水か空爆――が、遠いところで起こった。自分たちの棲家であったものの残骸のなかをさまよい歩く人びとの場面がすぐさま映し出される。その人たちを哀れに思うのは容易だが、世界における定まった場所を突然失うことがあなたにも起こりうると想像するのはむずかしい。そして、私たちからまたも滑り落ち消えていこうとしているように私に感じられるのは、まさにこの永続性への期待感であり、物事はおそらくうまくいくだろうという考えである。

コールも、現代世界の底流で起こりつつあることを、人間の条件としかいいようのない何かが掘り崩されていくこととして直感している。しかも人間の条件の崩落は、実際に戦争が起こり、災害が起こり、人が大量に死ぬという具体的事例の発生があろうとなかろうと、それらに先立つところで、一種の予感、凶兆として幻視され、言葉にされる。

コールは、自分の意識の底部には、物理学者でありエッセイストでもあるルイス・トマスが核時代の行く末を考えながら一九八〇年代に書いたエッセー「マーラーの第九を聴いていて真夜中に考えたこと」に記された「死がいたるところにあり、全てが死んでいき、人間性が終わっていく」という一文を一九九〇年代半ばに読んだときの気分があると述べている。

この気分が、核実験の映像と震災後の写真をみることで蘇り、ドナルド・トランプの当選後の混迷のなか世界においてさらに進展しつつある事態の帰結――人間性が終わっていく――を幻視させた。このイメージを前にしてコールは、「世界への私たちの経験の仕方を恒久的に変え、新しいものの見方を、新しい悲しみ方を見出さなくてはならない」と言う。つまり、人間の条件の崩落は始まっている。問題なのは、私たちの経験の仕方、ものの見方、悲しみ方が、崩落以前の状況に規定され固定されたままであるため、発される言葉も、展開される思考も議論も、始まりつつある新たな事態に対応できていないことだ。

コールは、日本の震災を写した写真家たちに、新しいものの見方、経験の仕方の萌芽を見出そうとする。川内を含む写真家は、震災において生じたことを率直に認め、そこで本当に起こったことが何であるかをまともに受けとめようとしたとコールは考え、二〇一六年以後の世界を先取り的に感知していたと評価するのだが、私は、同様のことを言葉で試みた文学者の作品の一つが、古井由吉と佐伯一麦の往復書簡『言葉の兆し』ではなかったかと考えている。そこで古井は、震災後の東京の街の底流で起きたことを、次のように言い表している。

それまでは確かなものとして踏まえていた空間と時間に、震災に揺すられて、罅《ひび》が入ったことになりませんか。つまり、いつなんどき破れるかしれないと感じられる。時間と空間の枠が崩れれば、すべての営為に狂いを来たす。しかも、しばしの麻痺にも耐えられるようには今の都市はできていない。

この罅割れはわずかなものにしても心の底に遺って、遠隔の大都市でも紆余曲折しながら全体の人心をすこしずつ変えていくのかもしれません(2)。

私たちは、人間の条件が崩落しつつあることを、二〇一一年三月一一日において垣間見た。古井のように、崩落の相を、深くかつ繊細に捉えた人もいた。

古井のいう「確かなものとして踏まえていた時間と空間」は、おそらくは、カントのいう時間と空間の形式である。客観的な認識の諸条件としての超越論的な時間・空間の形式である。古井は、これが揺さぶられ、罅が入り、崩れることもありうるというのだが、そう考えるには、これに先立ち条件づける何かがあるというように考えることが求められる。古井はそこまで考察を徹底しない。

じつは古井の直感的な見解は、メイヤスーの思考と交錯する。メイヤスーは、カントのいう時空の形式そのものに先立つものがあるという。すなわち、超越論的な時空間形式およびこの形式を具現した超越論的主観に先立ち、それらを条件づけるものについての思考が可能であるという。そう考えることで導き出されるのが、「超越論的主観は、そうした主観が場を持つ＝生じるという条件においてのみありうる」、という主張である。場を持つとは、世界のなかで場を持つことであり、世界のなかに位置づけられるということである。そして、場を持つためには、ただ世界に生じるというだけでなく、身体において受肉され、具体化されることもまた求められるとメイヤスーは続けていくのだが、つまり、人間が不在であった世界において、人間が客観的に認識するという営みそのものを可能にする条件としての時空間形式は、人間の身体が世界において現実に発生することを要請する[3]。

こう考えるならば、超越論的主観が場を持つところの世界において起こる変動は、超越論的主観において具現化されている時空間形式に何らかの影響をおよぼし、崩壊させることもあると考えることはたしかに可能である。

このように、人間の条件の崩壊を認識論の問題として考えることも大切だが、本書の議論との関わりでいうと、空間と時間の崩壊は、むしろ存在論的な問題であるといえないか。すなわち、「罅割れが心の底に遺って」いるという、自分たちの存在感、存在のための場所に生じた不安な感じにかかわる問題である。そう考えるならば、それはかならずしも新奇な事態というわけでもなく、二〇世紀にアーレントたちが考えていた事態のさらなる徹底化であり、世界化（ヨーロッパの外への拡散）の帰結の一つでしかなかったといえるのではないか。

1　前代未聞の事態への意識——科学技術化・地球からの離脱・人間の条件の崩壊

人間世界の科学技術化

チャクラバルティは、二〇一五年二月に、イエール大学で「人新世における人間の条件」という講演を行った。これが重要なのは、アーレントだけでなく、彼女の同時代人であるカール・ヤスパース、マルティン・ハイデッガー、カール・シュミットたちが感じ考えていたことの意義を、人新世という時代枠組みを定めたうえで、思想史的・哲学的に考察しようとしたものだからである。(4)

そこで重要とされるのが、ヤスパースが提示した、「前代未聞の事態への意識（epochal consciousness）」という概念である。これは第一次世界大戦の後、ヨーロッパで生活している人たちにつきまとうようになった意識である。ヤスパースは次のように述べる。

人間はただ存在しているのではなく、自分が存在するということを知っている。十全たる自覚において、人間は自らの世界を研究しそれを自らの目的にふさわしいものにするべく変化させていく。人間は、「自然の因果性」への干渉のしかたを学んだ。(5)

なぜこれが、前代未聞の事態への意識といえるのか。それは、人間が自らの存在を、自らをとりまく世界とのかかわりのなかにあるものとして考えるようになったというだけでなく、この世界を、自然の因果の認識をつうじて操作が可能な客観的な対象として考えるようになったからである。

この帰結が、人新世という、人間が自然への干渉を深めた果てに人間もまた自然の一部になってしまうという状況であると言うこともできるだろうが、ヤスパースが独特なのは、人間がこのような意識を持つようになったことを新しい事態として考えようとするからである。つまり、自然を操作できるという心的傾向が広まりつつあることを、「前代未聞の事態」として意識化し、哲学的に考えようとするからである。

チャクラバルティは、ヤスパースのような思考は誰にでもできるものではないと主張するのだが、ではなにゆえにヤスパースには人間が前代未聞の事態を生きるようになっていると考えることができているのか。

チャクラバルティによると、ヤスパースは、アカデミックな専門分化へのとらわれから自由であった。人間が前代未聞の事態を生きていると考えるためには、その事態が生じている歴史的時間の全体を視野に入れていくことが求められる。そこでは、ヤスパースの言う「学部的な立場」（専門分化された学問領域内部で問題を処理していこうとする立場）を超えたところにあるものとして人間を考えることが求められる。専門分化・細分化に先立つところに存在している「全体の統一性」において人間を考えることが求められる。(6)

ただし、専門分化へのとらわれから自由になるだけでは、ヤスパースのような思考はできない。チャクラバルティはさらに、ヤスパースが科学技術の発展が自分たちの生存の条件を変えようとしていることに意識的であった点に着目する。科学技術が人間生活にあたえてくる影響の論理的帰結をめぐって哲学的な思考を試みた点が重要であったとチャクラバルティは考えている。

「技術化は、進展させるよりほかに選択肢のない道であった」とヤスパースは認めている。ただし、技術が人びとを彼ら特有の文化から根こそぎにすることを危惧する気持ちもあった。「歴史的な文明と文化は、その根から離脱し、技術的・経済的な世界と空虚な知性主義へと合流していく[7]」。

これは一九三一年の見解だが、その二五年後、ヤスパースが次のように述べたことに、チャクラバルティは関心を向ける。

私たち人間存在は、私たち相互の信を基盤にして出会うことがますます少なくなり、私たちの存在における、共通の根無し草化の渦において出会うことがますます多くなる。諸々の帰結とともにある技術は、古くからある伝統的な生活様式にとって、そもそも破壊的である[8]。

ヤスパースは、人間存在の根無し草化が、技術とともに、技術に促されるようにして生じてくると考えた。しかも根無し草化は、ヨーロッパに限定されず、世界各地で進展していく。チャクラバルティは、ヤスパースのこの洞察が、ハイデッガーやガダマー、カール・シュミットのような思想家たちにも共有されていたと言う。「技術だけが世界を一つに保つのだが、それは世界の文化における単調な画一性を作りだし、人間を故郷喪失の気分にさせる」(9)。

科学技術が人間を根無し草にし、伝統的な生活からの疎外を進展させていくという考えかたは、一九七〇年代の科学批判に典型的なものといえるだろう。

だがチャクラバルティは、ヤスパースたちの洞察を、人間疎外を引き起こすものとしての科学への批判というよりはむしろ、人間が生きるようになった現実を冷ややかに考えるための前提的な条件としてとらえていこうとする。すなわち、この洞察をうけてさらに問われることになるのは、人間が純粋に技術的な諸関係のなかを生きるようになっていることをどう考えたいいのか、技術的な諸関係で律されていく世界とはどのようなものなのか、このさきにおいてどのような生活様式がでてくるのか、ということである。

地球からの人間の離脱とは何か

チャクラバルティは、スプートニク号の打ち上げが人間の地球からの離脱を意味すると

1968年にアポロ８号が撮影した「地球の出」(NASA 公式サイトより)

いうアーレントの主張に関心を向けている[10]。アーレントの議論は、人間が自然との有機体的な関係から疎外されていくことを論じたものとして解釈することもできるだろうが、チャクラバルティが独特なのは、アーレントの議論との関連で、NASAが一九六八年に撮影した「地球の出」(earthrise)に言及するからである。

チャクラバルティは、月の地平線の上に出てくる地球の姿を、球体として、つまりは惑星として映した写真が、世界なるものは「私たち人間がたまたま住んでいる惑星」であるという即物的な現実を私たちに突きつけてきたと主張する。この現実像の提示は、人工衛星に搭乗し、地球から離脱し、遠く離れたところへと移動した人間が地球を直に目にし、写真撮影したことで可能になった[11]。つまり、地球から離脱することは、地球との有機体的な関係の喪失だけでなく、人間が生活しているところは地球という客体的な物体であるという現実を冷ややかに見つめるための距離がつくりだされていくことをも意味する。チャクラバルティが述べていることを踏まえることで、アーレントが述べていることの意味がよりよくわかるようになる。

人間の観測能力が、人間が手近なものへの関与と関心の一切から離脱しその近くにあるすべてから離れたところへとみずからを撤退させるときにのみ機能するのは、その能力の本性ゆえのことである。人間と人間をとりまく世界ないしは地球のあいだの距離が大きくなればなるほどに、人間にはさらに観測し測定することができるようになるが、世界性があり、地球にしっかり根ざしている空間が人間へと残される量はわずかになっていくだろう[12]。

地球からの離脱は、人間が地球に根ざして生活していく度合いの低下を引き起こしていくが、それと同時に、人間がみずからの生活を営む条件が地球という惑星であるという現実の発見をも可能にする。人間が地球の条件つまりは自然を離脱したところで生きるということは、技術的諸関係にもとづく生活様式の発展により現実に進展していくのだが、チャクラバルティが論じるように、ハイデッガーやカール・シュミットのような二〇世紀の哲学者・思想家たちは、この離脱を、根無し草化、故郷喪失、画一化として考えた。

ところがアーレントの場合、人間が生きているところが地球として発見されたということにも関心を向けていたからか、地球からの人間の離脱をめぐる考察は、根無し草化や人間の本性の喪失を問題化する議論とは違うものになっている。

アーレントは、地球の発見が、人間の生活領域の拡張と連動すると主張する。航空機の発明のような移動手段の高度化とともに、人間は広がりのある領域のなかで生きていることに気づき、自分を縛りつける村落や国家のような狭い領域の外へとみずからの生活領域の範囲を広げることができると考えるようになっていく。生活領域の水平的な拡張は、「人間と地球のあいだに決定的な距離をつくりだし、人間をその直接の地球的な環境から疎外することと引き換えにして[13]」進行する。つまり、人間が生活する領域の範囲の拡張にともない、人間と地球とのかかわりが薄れていく。そこで生きている人たちにおいては、地球の上つまりは地上で、地上とのかかわりのなかで生きているという現実への感覚が薄れ、人間がみずから拡張させる広がりのある領域内部で自己完結的に生きることができているという思い込みが強まることになるだろう。

アーレントが指し示す事態がいかなることかをさらに考えていくためには、チャクラバルティが示唆するように、人間の生活領域と、地球ないしは惑星が区別されつつ重なり合っていると考えようとすることが求められる。すなわち、人間の生活領域は、素材としての惑星を村落や都市という人間のための居住地につくりかえていく技術と経済のネットワークにより形成されるものでありつつ、惑星のうえに積み重なるようにして存在することになるとチャクラバルティは言う(14)。惑星から離れつつ、それでも完全には切り離されることもなく、そのうえに重なりながら広がっていくのが、人間の生活領域である。

だが、すでに論じたように、アーレントにはこの重なり合いという感覚は薄い。人間がつくりだす世界が自然世界から離脱するとき、この離脱においては、二つの世界が無関係になり、その間に何もなくなると考えられている。何もなくなることが人間の条件においていかなる帰結をもたらすかが、アーレントの主たる関心である。切り離されつつ自己完結的になっていく状態をただ故郷喪失や人間疎外の問題設定で論じてしまわないので、切り離しゆえに生じてしまう人間の条件の崩壊をめぐる考察は鋭い。それでも、切り離されているようにみえて、じつは人間のつくりだす世界が自然世界に積み重なっていることそのものの現実性は消され得ず、人間世界につきまとうのだが、このつきまとわれているということへの感覚がアーレントには薄い。

人間の条件の崩壊

人間の条件の崩壊について、アーレントは、二つのことを述べている。

アーレントは、人間生活の領域が技術と経済の論理に促されつつ拡張されていくところにおいて起きている事態を、「絶え間ない変化の過程で世界の安定性が掘り崩されていく」と言い表す。その具体例として、第二次世界大戦後のドイツにおける奇跡的な経済発展に言及し、そこで起きた事態について、「いっそう急速で効率的な富の蓄積」の過程を刺激するために「事物の破壊」や「都市の廃墟化」が引き起こされたと主張する。(15)

つまり、経済成長の促進のために、多くのものを生産し消費させていく過程で、すでにあるものの破壊と消滅と更地化が起こった。それをアーレントは、「世界におけるあらゆる事物の価値低落（depreciation）の過程」と言い表す。つまり、事物の有用性だけでなく、人が抱く愛着や思い入れ、都市における象徴性、歴史性といったことが無視され、新品の生産と消費、人間生活の領域の新たなる拡張のために、壊され、捨てられ、消去され、忘れられていくことを意味している。

アーレントは、若干の皮肉をまじえつつ次のように主張する。

現代の条件では、破壊ではなくて保全が〔経済的な意味での――引用者補足〕破滅を意味するが、というのも、保全された客体の持続性そのものが回転の過程への最大の妨げだからである。(16)

藤田省三も、第二次世界大戦後の日本の高度成長において進行した事態を「即座の効用を誇る完結製品を提供し、その即効製品を新しく次々と開発し、その新品を即刻使用させることに全力を尽くして止まない」と評していたが、新品化の問題を、事物との具体的な相互的交渉のための機会を奪い、人間精神を安楽な生活へと従属させていく、精神的荒廃つまりは内面性にかかわる問題として考えた。(17)

これに対してアーレントは、戦後の経済成長で進行した事態を、人間生活の条件にかかわることとして考えていく。軽視、破壊、消去は、人間が生活することの支えとしての世界にかかわることとして起こる。この世界が安定的に維持され保全されている状態の破壊とひきかえにして、近代的な人間生活の領域の水平的な拡張が進行する。すでにある世界の保全と持続は、人間生活の領域の拡張の停止であり、それゆえにあってはならない事態であるということになろう。

そのうえでアーレントは、人間生活のための既存の事物的世界の破壊と消滅——現代的な言い方をするならば、スクラップ・エンド・ビルド——よりもいっそう底部で起こりうる事態として、人間の条件の崩壊を考えている。

共通の公的世界の消滅は、孤独な大衆人の形成において決定的であり、近代のイデオロギー的な大衆運動の無世界的な精神性の形成において危険なまでの影響を及ぼしたが、それは世界において私のものとして領有することを許される分前の部分が、あきらかに失われていくこととともに始まった。(18)

ここでアーレントは、生存の条件としての世界の破壊は、人がかけがえのない私として世界に属していることを可能にする居場所を、自分の分前として、つまりは自分のためのものとして持つのが難しくなることとして経験されると主張している。

人間生活の条件としての居場所的な世界において生じる破壊と喪失は、地球から離脱したところで進展する人間の日常的な生活領域のスクラップ・エンド・ビルド的な拡張と、並行的な関係にある[19]。

ただし、アーレントの議論では、この二つの違いは識別されているものの、それらがどう違うのか、さらにどう関係しているのかということに関しては、徹底的に論じられていない。この引用箇所においても明らかなように、アーレントは、世界という言葉を、公的世界を意味するときと世界そのものを意味するときの両方で用いているが、じつはこの二つは異なる水準に属している。公的世界は、人間が日常的に営む生活領域のなかに存在する。これに対して、人間の条件としての世界は、人間の生活領域をとりまき、人間の生活領域を一部分として含み込む、地球、大地、惑星としかいいようのない、広大なもののことを意味している。

アーレントは、人間的な生活のための公的世界の喪失よりもいっそう根底的なところにおいて人間の条件の崩壊が進展しつつあり、この世において居場所感を持つことができず不安を抱えた人が増えつつあるということを、一九五八年の時点で洞察していた。ただしそれは、あくまでも一種の予見であった。アーレントが生きていた時点ではまだはっきりとしない事態が何であるかをおぼろげに示すために、想像力を限界まで突き進めて述べようとしたところにおいて提示された予見的洞察であった。

2　人間世界の限界とエコロジカルな現実との出会い

環境危機と人間の消滅

アーレントの予見的洞察が誤りではなかったことが、六〇年後の現在、明らかになろうとしている。チャクラバルティは述べている。「したがって気候の危機は、惑星における生活のための条件にかかわるきわめて重大な問いを提起し、人間をこの問いの文脈のなかで考えることを私たちに求める」。そこで前提になるのが、「惑星における人間という種の拡張が、私たちが多くの他の生命形態を圧迫するもっとも優勢な種に確実になってしまうほどのところにまで、達している」という認識である。[20]

惑星ないしは地球としての世界において、人間は、人間ならざる他の種から居場所を奪う圧力を発する種になっている。日本において、石牟礼道子が考えていたのも、まさにこのことだった。熊本県水俣市では、新日本窒素の化学工場から垂れ流された有機水銀は、魚の体内に入り込み、さらに人体に入り込み、それが魚の大量死と人体の損傷、奇病の発生を引き起こした。人間活動の産物としての水銀という物質が、魚という人間ならざる存在に対する圧力となり、魚をとりまく水の世界を魚にとって居心地の悪いものにすることで、魚の生命の存続を危うくした。そしてこの魚を食べた人間の身体も、有機水銀で汚染されていく。

それを石牟礼は、「われわれの風土や、そこに生きる生命の根源に対して加えられた、そしてなお加えられつつある近代産業の所業」と言い表す。だが石牟礼の場合、「私の故郷にいまだ立ち迷っている死霊や生霊の言葉を階級の原語と心得ている私は、私のアニミズムとプレアニミズムを調合して、近代への呪術師とならねばならぬ[21]」と述べていることからも明らかなように、生命の根源を神秘化して捉え、かつそこから近代産業への呪詛の言葉を発してしまうため、アーレントやチャクラバルティのような冷ややかな認識が導き出されることはない。

実際、人間ならざる存在に圧力をかけるのは、ただ企業だけではない。プラスチックを使用し、エアコンのような電化製品を使用するのは、企業という生産単位だけでない。消費者もそれを使用している。

さらに、人間が惑星に加える圧力は、ただ有機水銀のような物質による海の汚染だけではない。温暖化、海面の上昇といった事態をもたらし、沿岸部を水没させることもある。ヴェネチアは、一〇〇年以内に水没すると予測されている。(22) あるいはシリアをめぐっては、二〇〇六年から続いた干ばつが内戦の一因になったのではないかという仮説が、科学者たちの研究によって提起されている。干ばつにより、一五〇万人程度の農村住民が、都市近郊へ移動した。それが人口構成を変化させ、都市と周辺地域を不安定にする。さらに食料価格の高騰と子どもの病気の増加をまねく。(23)

チャクラバルティは、気候変動とともに生じつつある事態について考えるにあたって、ヤスパースの「前代未聞の事態への意識」の議論の検討から始める。それは、技術化が人間生活の条件を根底的に変えてしまったという現実が、専門分化されてしまった個別の知の枠にとどまるのでは思考不可能な問題であるということを言い、人間が地球から切り離されたところにおいて根無し草的な生活圏を形成していることへの自覚を促しその帰結について考えることの大切さを説くためのものであった。

チャクラバルティはさらに、ヤスパースが人間の条件の根底的変化を原子爆弾との関連で考えていたことにも着目している。具体的にはヤスパースが一九五八年（アーレントの『人間の条件』と同じ年）に刊行した『原子爆弾と人間の未来』で述べた次の見解である。「まったく新しい状況が、原子爆弾によってつくりだされた。そこでは、すべての人類が身体的に消滅するか、もしくは人間の道徳的政治的条件における変化が生じることになるだろう」。そしてこの引用についてチャクラバルティは、現代においては、原子爆弾という言葉を気候変動という言葉で置き換えることができると述べる(24)。

つまり、気候変動においては、人間の消滅という問題が突きつけられている。原子爆弾という人工物により人間そのものの消滅というシナリオが描き出され、人びとの不安が高まり、東西冷戦体制のもとでの相互的不信が高まったのと同じようなことが気候変動時代において起こるとしたら、それはどのようなものであるか。

無用化の気分と人工世界の構築

アーレントによると、人間の生存の条件が掘り崩されていくのにともない人間において生じるのは、自分たちが世界において無用になり、放擲されていくという気分である。すなわち彼女は、公的世界の消滅よりもいっそう深いところにおいて進行する事態を、人間が世界において「この私」のものとして領有するのを許されている分前——人がいて、会話や歌などが生じる場所——を失うことと考えた。そこで人間は、ただ根無し草というだけでなく、世界において無用になり、あたかも廃棄物のようなものとして存在させられているような気分を味わうことになる。

じつはアーレントは、『全体主義の起原』において、第一次世界大戦後のヨーロッパに蔓延し、ナチス擡頭において高まったのが、「無用」ないしは「不必要」になるという気分であったと述べている。つまり、自分そのものが、世界において無用になり、不必要になっていく、ということである。(25) この気分への洞察が、『人間の条件』においても一貫している。

人間が無用になるという気分とは、どのようなものか。これまでの議論をもとにして考えてみる。

前提になるのは、無用化の気分は世界とのかかわりにおいて生じる、ということである。つまり、世界に属することができていないという気分に陥っているとき、人は、自分が無用だと思うようになる。ただし、人間の生活領域はそれだけで自己完結することなく、地球という広がりのなかに含みこまれた一部であると考えるならば、この無用化の気分には、単純化することのできない複雑なものが、葛藤のようなものがあることがみえてくる。

日常的な生活意識においては、人間の生存の条件としての世界は人工的に構築された人間世界として経験されるが、人工衛星の打ち上げの後、この人間世界は地球という惑星のうえに被膜となって貼りつき広がる限定的な領域であることが明らかになった。

この発見にともない、自分たちの生きている生活環境そのものが人工化されていくこととともに生じる「根無し草」「故郷喪失」「伝統的な生活様式の破壊」といった言葉が指示する気分の正体も明らかになる。すなわちそれは、人間世界そのものが地球から離れ、人間世界として自己完結的になっていくことにともない生じる不安であった。人間そのものが、自分たちの自己完結的な世界をつくりだすことは、自分たちをとりまく広大な領域としての地球から離脱することでもあるが、それは地球という故郷を失い、そことのかかわりのなかでつくられてきた生活様式を失うことでもある。この離脱が、根無し草という不安な気分を生じさせている。

だが、人間たちが人工世界で生きていることは、今や自明の前提になっている。第二次世界大戦ののちドイツや日本を含む先進諸国で起きたのは、人工世界のさらなる構築であり、拡張であったが、それは人間世界の自己完結化と根無し草化をいっそうすすめただけでなく、さらに人間世界をとりまき支える惑星的なものとしての世界の改変と破壊を引き起こした。世界の改変と破壊は、人間の根無し草化よりも深いところで、人間に気づかれることなく進行していく。自分たちが形成する人工世界のなかで安住できているのであれば、自分たちをとりまき支える広がりの世界で起きていることなど、おそらくは考えもせず、気に留めることもない。

人工世界はそれだけで自己完結しており、その外に広がる世界とは関係なく、効率的かつ円滑に営まれている。そこに安住できている人たちは、たとえ人工世界内で根無し草的な気分を感じることがあっても、そのさらに深いところで起きている改変と破壊には思いが及ぶことはないだろうし、さらに、この改変と破壊ゆえにじつは根無し草化とは異なる何らかの気分が生じてしまっているということについても、けっして気づくことはない。

アーレントは、人工世界の形成と拡張が、それよりも深く広がりのある世界を崩壊させていくと考えている。そして、彼女の言う無用化ないしは不要化は、後者の意味での世界において居場所を失うことを意味している。根無し草化よりも無用化のほうが重大だと、アーレントは考えている。

エコロジカルな現実へ

たとえ人工的に構築された世界のなかに安住できていても、それをも一部として広がっている根源的な世界とのかかわりを失った状態で生きているなら、その人は、自分が属する人工世界が崩壊したとき、完全なる無用状態になり、生き延びることができなくなる。それゆえに人びとは、みずからの根底的な無用化を恐れるがあまり、人工世界の一層の高度化、堅牢化を求め、そこへと過度なまでに統合されていくことを望むようになる。

人工世界のなかにいるとき、人はどれほどまでに根無し草的気分を感じようとも、少なくとも、徹底的な無用化を免れることはできている。そのことで人は、人工世界の一部であるがゆえの有用性を体現することができるようになるが、そこに成り立つ有用性は、惑星的な世界から身を引き、惑星的な世界を蔑ろにしていくことで獲得されたものでしかない。さらにいうと、じつは人工世界の高度化とそこへ自発的に統合されていこうとする姿勢の背後には、人工世界をとりまきそれをも成り立たせている根源的な世界から離れてしまったがためにそこにじつは属しておらず、根源的な世界においては自分が無用になっているかもしれないということへの怖れがあり、それを認めたくないという気分がある。

それゆえに、人工世界の構築は、暴力的なものになる。モートンは述べている。

その全体のシステムは、常に現前し、厳格に限定され、人間ならざるもののシステムから分離されたものとして構築されている——そのシステムを支える人間ならざるものの存在が明白であるのにもかかわらず、そうなのである。常なる現前を、ただ思考だけでなく社会的・身体的な空間においても達成するには、執拗なまでの暴力行為が要請されるが、つまりその達成はそれ自体が暴力なのである[26]。

暴力といっても、それはかならずしも、武器の使用や監獄への閉じ込めといった明白なかたちをとるとはかぎらない。自分たちの世界の自己完結性の確かさを脅かす不安要因を追放し、その侵入を阻止するために境界を設けることそのものが、暴力的であるとモートンはいう。

だが、この追放の暴力は、絶対的に貫徹されるとはかぎらない。モートンは、つづけて次のように述べる。「なぜ暴力が行使されるのか。なぜならそれは、穴だらけの境界と相互に連関する多数の円環でできている（エコロジカルな）現実の性質に反するからである」。人間がつくりだす人工的な生活空間の自己完結性は、それをとりまくエコロジカルな現実の多孔性、相互連関性そのものを消去し、ないことにしていくことで達成される。

モートンは、そこに無理があると指摘する。つまり、人工的な生活空間は、そのなかに安住できているのであれば、自己完結的で完全で円滑で効率的に営まれている高度な技術的構築物として日常的に経験されるかもしれない。

だが、じつはこの日常的な経験とは相関しないところにおいてはより広いエコロジカルな現実の領域が広がっており、しかもこの広がりのなかに包み込まれるようにして人工的な生活空間は存在していると感じることができていて、さらにこの感覚に導かれるようにしてエコロジカルな現実のことを思弁的に考えることができてしまっている人たちにとっては、人工的な生活空間の自己完結性は、無理をしてつくりだされた想念であり、この想念にもとづくところにつくり出される人工空間そのものもまた、無理のある構築物である。

なお、人工空間が自己完結しているという想念と連関するのが、「今」という時間がそれだけで自己完結するという想念である。これを批判するモートンは、今という時間が、ただ現在にのみ固定化された状態にあるものではなく、「過去と未来のあいだにおける奇妙な相対運動」であると考えようとしている。そうであるならば、今ここにある諸々の事物の集積である人工世界は、現在において完全に固定化されているのではなく、過去から使い込まれてきた諸々の事物が、未来にもさらに使われ新たに命を吹き込まれていく途上において存在しているところに成り立つ偶然的なものでしかないということになる。

そしてモートンは、諸々の事物が、現在生きることのできている人間にはわかりえない側面を含む曖昧なものとしてこれまでに存在し、これからも存在することを、徹底的に肯定しようとする。この観点から、私たちが生きる人工世界を見返すなら、街路も広場も公園も自動車道路も高速道路も街路樹も住宅もすべてが、「今」において自己完結するのではなく、過去と未来の「あいだ」において揺らめいている奇妙な事物であり、その集積であり、それが偶々一時的に現在において一定の形となって定まっているだけのものとしてとらえることができるようになる。

ただし、モートンの感覚では、これらの事物は、たとえ私たちをたしかにとりまく世界を織り成すものであっても、「人間のアクセスからは徹底的に遠ざかっている」。この感覚から、モートンは、「私たちは恒常的に現前しているのではなく、直接的に指差すことも実際に経験されることもないが、それでも完全にリアルな現実において生きている」と考えようとする。(27) つまり、事物は存在しないのではないが、人間に有用なものとして恒常的に現前するというあり方でずっと存在するのでもない。

人間にはアクセスできないところとして、世界の事物を、さらには世界そのものを考えていくモートンと同様のことを、チャクラバルティは述べている。すなわちチャクラバルティは、「世界‐地球は私たちの住むための場所としてただそこにあるのではない」といい、この認識が、「惑星そのものの他性（otherness）」にかかわるものであるという[28]。

つまり、モートンとチャクラバルティは、私たちの生存の領域を支えとりまくところを他なるものとして考える。人間の自己完結的にみえる生活領域には、その内部には収まらず滲み出し漏れてしまう側面があるということを認めていこうとする。この他性への感覚は、アーレントが人間の公的世界となりえない事物の自然状態をただの乱雑な積み重ねと述べ、そして人間世界への脅威とみなしてしまうときの感覚とは異なる。

すなわち、人間の生存の条件は、人間化されえず人間のアクセスを超えたところにあるのだが、人間の生存を現実に支えているのであり、だから無用で乱雑な事物の積み重ねと決めつけてしまうことのできないものである。事物は、有用であるか無用であるかという、人間が定めた枠組みを離れたところにただ存在している。それを見て「無用」「廃棄物」と考える人は、有用・無用の枠組みにいまだにとらわれている。

注

（1） Teju Cole, "Pictures in the Aftermath," *The New York Times Magazine*, April 11, 2017.

（2） 古井由吉・佐伯一麦『往復書簡　言葉の兆し』朝日新聞出版、二〇一二年、六七頁。

（3） 以上の議論はメイヤスー『有限性の後で』の四六頁から四九頁で展開されている。

（4） インド出身のチャクラバルティはドイツ出身の思想家に関心を示すが、この関心の持ち方は、同じくインド出身のパンカジ・ミシュラが現代世界を「怒りの時代」——テロの拡散、内戦の激化、排外主義の広まり、アナキズム思想の観念的暴力化——と考える際、やはりドイツ出身の詩人や哲学者の洞察を重視するのと軌を一にしている。ミシュラは後発資本主義のドイツだからこそ、先進資本主義国のイギリスとアメリカではありえない、歴史における精神的な要因の探求が可能になったと考えている。Pankaji, Mishra, *Age of Anger* (Penguin Books, 2017), 33.

（5） Dipesh Chakrabarty, "The Human Condition in the Anthropocene," 143.

（6） Ibid., 145.

（7） Ibid., 148.

（8） Ibid., 148–149.

（9） Ibid., 147.

（10） Ibid., 151.

（11） Ibid., 151.

（12） Arendt, *The Human Condition*, 251.（アーレント『人間の条件』、四〇七頁）

(13) Ibid., 251.（同書、四〇七頁）
(14) Chakrabarty, "The Human Condition in the Anthropocene," 159.
(15) Arendt, *The Human Condition*, 252.（アーレント『人間の条件』、四〇九頁）
(16) Ibid., 253.（同書、四〇九頁）
(17) 藤田省三「「安楽」への全体主義」『藤田省三コレクション』市村弘正編、平凡社ライブラリー、二〇一〇年
(18) Arendt, *The Human Condition*, 257.（アーレント『人間の条件』、四一五頁）
(19) 都市のスクラップ・エンド・ビルド的な改変と人間の居場所感覚の狂いが連動するということについては、古井も次のように述べている。「このスクラップ・エンド・ビルドの構想が都市の風景の中にすべて織りこまれているという思いには、馴れているようで、なかなか馴れない。そんなものは、風景ではない、とどうかすると叫ぶものがわれわれの心身の底にはある。風景を風景と感じられないのは、すでに病の微なのだそうです。そこまでは行かなくても、まわりの風景を風景として首肯しきれない心身はその分だけ追いこまれる」（古井由吉・佐伯一麦『遠くからの声』、一五一頁）。古井が示唆するように、居場所を喪失するとき、人は心身を疲弊させ、追いこまれたと感じる。言い換えると、心身の疲弊はただ内的な問題ではなく、居場所という、エコロジカルな現実のあり方と連動する問題であるということになろう。さらにいうと、居場所というのはただ事物として存在するだけのものを越えた、心的な愛着、安心感を与えてくれる何ものかとして存在する。
(20) Chakrabarty, "The Human Condition in the Anthropocene," 169.
(21) 石牟礼道子『苦海浄土』講談社文庫、一九七二年、六五頁。
(22) F. Antonioli, N. Mourtzas, M. Anzidei, R. Auriemma, E. Galli, E. Kolaiti, V. Lo Presti, G. Mastronuzzi, G.

Scicchitano, C. Spampinato, M. Vacchi, A. Vecchio, "Millstone quarries along the Mediterranean coast: Chronology, morphological variability and relationships with past sea levels," *Quaternary International*, 439, 2017, 102–116.

(23) Colin P. Kelleya, Shahrzad Mohtadib, Mark A. Canec, Richard Seagerc, and Yochanan Kushnirc, "Climate change in the Fertile Crescent and implications of the recent Syrian drought," *PNAS*, vol. 112 no. 11, 2015. 3241–3246, http://www.pnas.org/content/112/11/3241.full.pdf

(24) Chakrabarty, "The Human Condition in the Anthropocene," 144.

(25) 「彼らは自分自身に対する関心を奪われてしまったとき、すでに貧困や搾取の鎖より遥かに多くのものを失っていた。彼らの物質的な貧困は現代の国家の社会保障のお蔭で大抵はそうひどくない程度になっていたが、そのことで共同の世界への彼らの失われた関係が快復したわけではなかった。共同の世界を失うことによって、大衆化した個人は一切の不安や心配の源泉を失ってしまった——不安や心配はこの共同の世界における人間生活を煩わすだけでなく、導き調整する役目も果しているのである」（ハンナ・アーレント『全体主義の起原３』大久保和郎訳、みすず書房、一九七四年、二〇頁）。

(26) Timothy Morton, "How I learned to Stop Worring and Love the Term Anthropocene," *Journal of Postcolonial Literary Inquiry* (2014), 3.

(27) Morton, "The Oedipal Logic of Ecological Awareness," 19.

(28) Chakrabarty, "The Human Condition in the Anthropocene," 183.

第四章　エコロジカルな世界

人間が自然のありかたを変えていることへの意識は高まっている。二酸化炭素の排出量の増大が温暖化を引き起こしているという主張についてはいまだに否定的な反応もあるが、他方では、ダムの建設で堆積された土砂、都市建設で使用されたプラスチックやアルミニウムのような物質の堆積というように、物質の水準で明白に見えているものもある。それでも、これらの事物の集積が自然界に対しいかなる影響を及ぼし、さらには人間世界のあり方をどう変えてきたか、人間が自然を変えてしまうことをどう考えたらいいのかという問いをめぐる考察は、ようやく始まったばかりである。

だが、人間が自然の改変に関与していることそのものを認めようとしない思考習慣も優勢である。そこで阻まれるのは、人間が人間の世界だけでなく、その周囲において広がっているエコロジカルな領域のなかでも生きていることへの自覚である。この自覚をどうやって自らにおいて明瞭にするかが、エコロジカルな思考の深化で問われる。

1　エコロジカルなもののリアリティとは何か

データ的現実像の衝撃

人間が地質学的な行為者になることと連動して、人間生活の条件が、人間世界をとりまくエコロジカルな領域にかかわるところで掻き乱されていくというチャクラバルティの主張は、クルッツェンたちの科学論文を根拠とする。すなわち、人間世界に触れていながらなかなか意識化されることのないエコロジカルな領域にかんする思考を、客観的なデータから導き出される見解を根拠としつつ、哲学・社会思想・歴史の知見を総合的に活用しながら展開する。クルッツェンたちは、たとえば次のように主張する。

図1a〔本書一三四頁〕は、産業革命から二〇〇〇年代の始まりにいたる人間の営みの発展のいくつかの指標を示しているが、人間活動のあらゆる指標が一九五〇年あたり

からその量を急激に上昇させている。たとえば人口はわずか五〇年で三〇億から六〇億に増大したが、経済活動の飛躍はよりいっそう目覚ましく、その時期に一五倍の上昇である。石油の消費量は一九六〇年以来三・五倍の上昇である。指標のうちのいくつかは、大加速時代（the Great Acceleration）の始まりにおいてはほとんどゼロであったが第二次世界大戦の終わり以後になってすぐに爆発的になった。

自動車の数は戦争の終わりのときにはわずか四〇〇〇万台だったが、一九九六年には七億台になり、ずっと増加し続けている。戦後の時期には国際貿易と電子コミュニケーションと経済的な接続性の急激な拡大がみられたが、それはすべてきわめて低いか存在しないところから始まっている。

過去の半世紀のもっとも目覚ましい傾向のうちの一つは、都市生活に帰結する、農地と農村の広範にわたる放棄である。人口の半分以上——三〇億以上の人びと——が今では都市地域に居住し、その範囲は増大し続けている。都市への移住は通常は、高まる期待感とたいていは上昇する所得をともなうが、それはさらに消費における増大をもたらし、大加速時代へのまた別の推進力を形成することになる。(1)

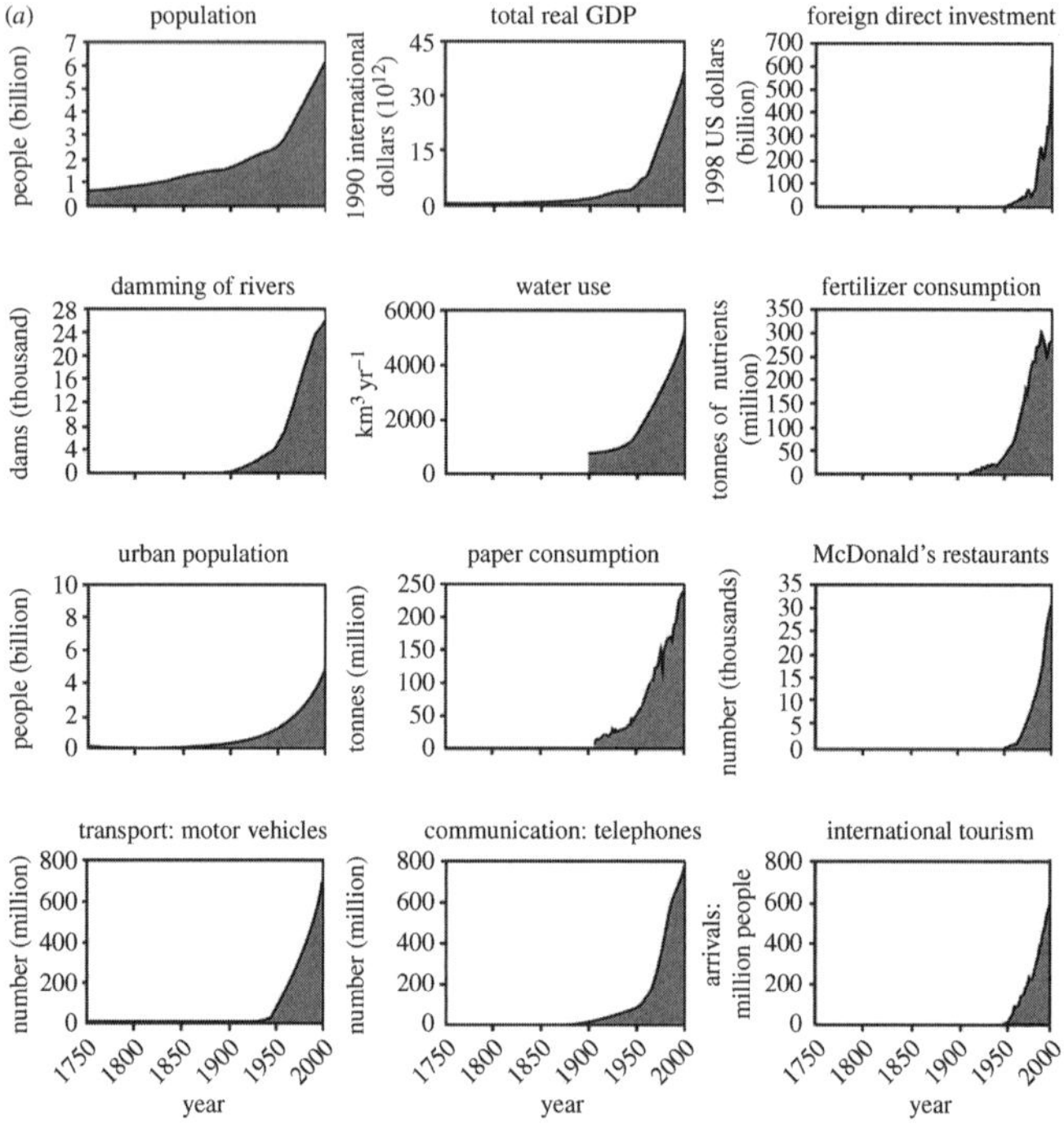

だが、人間活動が温暖化を生じさせていることへの自覚をそもそも持とうとしない人たちにおいては、たとえデータにもとづく科学的な主張であっても、クルッツェンたちが提示する現実像は、日常的な生活とは無関係なこと、非現実的なこととして処理されてしまう。リアルなこととして受けとめられない。クルッツェンたちは述べている。

人新世は、多くの人には受け入れるのがとてもむず

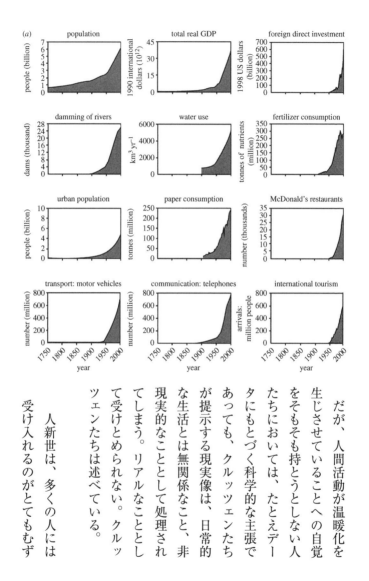

かしい概念である。気候変動への疑念の高まりは、いっそう認識されるようになっているが、それは証拠と説明にかんする科学的な議論としてというよりはむしろ、信念と価値観によって、そしてときにはシニカルな自己利益によってものすごく歪められている、普通の人の議論としてである。(2)

長らく信じられている信念を揺るがすような事実――人間活動が自然のあり方を改変してしまう――が科学の専門家集団によって提示されても、習いとなった信念を抱く、専門家ならざる普通の人たちは、自分たちの信念にいっそう強固に執着し、データが提示する事実のリアリティを否定してしまう。震災やハリケーンのような、人間には把握のむずかしい出来事が人間世界を揺さぶったとしても、それをたとえば天罰のような、既存の知的枠組みの内部で解釈しようとしてしまう。結果として、人新世などという現実は見過ごされ、ないことにされてしまう。データに触発されたところで展開されるチャクラバルティたちの議論も、そもそも意味のないこととみなされてしまうだろう。

クルッツェンたちが示唆する信念の問題は根深い。というのも、自分たち人間がおこなっていることが自然のあり方を改変するというだけでなく自分たちの生存の条件を揺るががしているのを認めることは、人間の行為が人間の世界に限定されるのではないこと、人間のあり方が自然と交錯し、自然と連関してしまっていることを認めることでもあるからだ。これを認めることは、人間だけで自己完結した世界において生きているという信念に支えられた近代的な世界像、社会理論などの無意味さを認めることでもある。

だが、このような信念にかかわる理由以外にも、人新世が受入れられないことの理由はある。それは、データで提示される現実像をたとえ頭では理解できても、それを本当に現実に起きていることとして、私たちの生活をも内包する世界にかかわることとして受けとめることがむずかしい、ということである。データで提示される現実像と、私たちが直接的に経験する日常生活とのあいだには、何か溝のようなものがあるように感じられてしまうことがある。

データにもとづく現実像は、コンピューターという機械装置の発達にともない、いっそう精緻になり、明瞭になり、精確になっていくだろう。それは、人間の知的活動能力を越えたところで展開されていくことになるかもしれない。そのとき、データで描き出される現実像は、人間の感覚、知性を越えたものとして存在するようになっている。

データを根拠とする人新世の議論がどことなく不気味なのは、人間の現実感覚および知的活動能力を越えたところで展開しつつもまったくの虚像としては扱えそうにない現実像が提示されているからである。人間の感覚や意識の外にあるように感じられてしまうために本当にリアルなこととして受け入れるのには困難を覚えてしまう現実像が、明白に提示されているように思われるからである。

データ的リアリティの逆説

ここで私たちは、逆説的な状況に立ち会っている。なぜなら、クルッツェンたちの論文は、世界にかんする情報がデータとして集積され、処理されていくところに形成され構築される現実像をめぐるものとして読めると考えることもできるからである。つまり、自然にかんする情報的な理解を進めていくところに得られる現実像として読むことができるのだが、この現実像に不気味さを感じるとしたら、自然はデータ化できないところで、人間の心身との深い交わりのなかでこそ理解できるものであるという思い込みが、私たちのなかに残存しているためであると考えることもできるだろう。

それでも私たちは、情報通信技術の発展にともない、世界を情報的に考えるというだけでなく、日常的に経験される世界を情報的なものとして捉えることを普通のこととしておこなうようになってしまっている。ルチアーノ・フロリディは、押井守のアニメ作品『攻殻機動隊』に言及しつつ、現代においては、もともとは情報環境を意味するはずの「インフォスフィア」の概念が「情報スペースに言及する方法から、現実そのものと同義になっている」と主張する。(3) たしかに、現実にかんする情報的な理解は、昼ごはんのために飲食店を探すときや、行ったことのない都市についての口コミのチェック、地下鉄の乗り換え確認のような日常的なことだけでなく、たとえば本を書くときや、インタヴューを行うときの下調べなどでも、普通のこととしておこなわれている。

この本の主題である人新世やエコロジー思想をめぐる考察も、情報的な理解を進めるなかで行われている。クルッツェンの論文もオンラインで入手した。つまり、この本を書いている人間自身の思考の大半が、インフォスフィアの内部で進められようとしている。それでも本書は、人間生活が営まれていることの条件の事物性をめぐるものである。人間生活の条件の事物性への理解を情報的な思考とともに進めるという逆説的な試みを、本書は実行している。

私たちが生きている状況を本気で理解しようとするなら、この逆説的試みを徹底的に行うことも求められる。その理由について、モートンは次のように述べている。

エコロジカルな文化は柔らかくてオーガニックで古風でキッチュなものであると思われているのに対し、テクノ文化は硬質でクールでエレクトロニックである。だが差し迫るエコロジカルな危機とヴァーチャル・リアリティのあいだには驚くべき連関がある。この連関は内容ではなくて形式にかかわりがあり、認識論の問題を開く。私たちが知っているということをどうやって知るのか、そして私たちが知っていることの正しさをどうやって証明するのか。ヴァーチャル・リアリティとエコロジカルな混乱は、私たちの普通の参照点かもしくはそれにかんする幻影を失わせる、没入型の経験である。古い思考法は信じるに値しないと私たちは自分に言い聞かせる。とりあえずヴァーチャル・リアリティとエコロジカルな混乱は、私たちがこの乱雑な状態に入っていくことの手助けになる。ヴァーチャル・リアリティにおいては、「距離」の概念を当てにするのが不可能になる。(4)

農薬をつかわず有機農法で栽培される食材は、空気を汚染せず、川を汚染せず、さらには人体をも汚染しない。古い家をすべて壊して更地にせず、使える部分を残しつつ新しいものと混ぜ合わせることは、廃棄物を減らすだけでなく、資材の無駄遣いの縮減に寄与する。エアコンの使用を控えるならば室外機からの熱風の排出量が減少し、自動車の使用を控えるならば排気ガス排出量が減少し、温室効果ガスの縮小に寄与するだろう。

だが、このような日々の地道な実践が人間による地球の改変の現状にどれほどの影響をおよぼすのか、さらにこの実践が正しいのかということを、実践の現場としての日常世界の外側ないしは上部から人間の心の作用で認識するのは、難しいというだけでなくほとんど不可能である。

そして他方で、ヴァーチャル・リアリティとのかかわりのなかで、たとえば、音楽や書籍、さらには環境問題など、現実において生じていることについて、その情報的な側面であればわずかな時間で大量の情報を得ることができるようになった。さらには、書籍の注文、航空券の注文、旅行のスケジュール管理などがＩＣＴの活用をつうじて効率的かつ高速に行うことができるようになった。フェイスブックやＧメールをスマートフォン上で使うことで、仕事のやり取りを遠隔的かつ高速に行うことができるようになった。

私たちは日々、ヴァーチャル・リアリティをインフラとしてリアルに活用し、日常生活を効率的かつ円滑に営んでいる。にもかかわらず、エコロジカルな生活実践の場合と同じく、この日々の効率的な実践がいかなるシステムにおいて営まれているかを、日常世界の外ないしは上部の視点に立って、人間の心の作用で認識するのはむずかしくなっている。ICTの拡張と浸透が人間生活を今後どこへと導いていくかを線形的なモデルで正確に予測するのはほとんど不可能である。

私たちは、逆説的な事態を経験している。一方では、日常世界のありかたを距離を置いたところから説明してくれる安定的な言葉・思想――人新世以前の思想――が効力を失いつつある。それゆえに、現実において生きている状況そのものが一体どのようになっているかを外から認識できないことを引き受け、それでもなお生きていくなかで、手探りで思考していくことが求められる。

そこで思考し文章にするときにも、外からの客観的説明の困難を引き受けていくことが求められる。モートンは、私的ないしは主観的な印象から始めるしかないと考えている。ただしそれは、「事物についての気まぐれで自己中心的な解釈ではなく、事物のリアリティに調子を合わせていくこと」を意味している。(5) 現実において経験できること――人から聞いた身の上話など――を素朴に書くというのではないが、外からの観察の道具としてレディメイドの理論体系を使って記述するのでもなく、現実世界の事物性のリアリティに感覚を添わせ、調子を合せつつ考えていく。そのためには、モートンが度々述べているように、「事物の現実性を、多様な意味で言われうる謎と結びつくものと見なしていくこと」が求められる(6)。

だが他方では、気候変動とヴァーチャル・リアリティの拡張という両極的な状況に飲み込まれつつある現実世界は、個々人の私的経験ないしは印象を超えたところで、私的経験ないしは印象をとりまきつつそのあり方に影響をおよぼしてしまう巨大なものとして展開しようとしている。

モートンは「私たちがとりくんでいるのは、人間のような限定された能力をもつ三次元的な存在によっては把握されえず直接的に知覚されることもない巨大な実体である」と述べている。「それらの実体はコンピューターで処理され、思考されうる存在だが、だからといってそれらが現実的でないということを意味せず、むしろ人間が近づくことから深く引き離されていることを意味している(7)」。

この巨大なもののリアリティを、安定的な説明の言語をあてにせず、それでも私的印象において感知される事物の現実性への感覚を手放さず、素朴な実感主義に陥ることもなく、理詰めで考え、言葉にすることが求められている。

2　エコロジカルな時代におけるリアリズムの再生

人間が生きているところは心から独立している

二〇〇〇年代に、アカデミックで専門的な哲学研究からは離れたところで、文学や芸術や建築との接点で暗中模索の思考を試みてきた外れ者の哲学者たちが関心を向けたのは、モートンが指摘するエコロジカルな世界をどう考えるのかという問題であった。ビデオアーティストとプログラマーを経て哲学研究を始めたマヌエル・デランダも、同様のことを考えている。しかもデランダも、人間をとりまく自然におよぶ人間活動の影響を考慮に入れて、みずからの思想を試みている。

デランダは、二〇一二年のインタヴューで、「リアリズムの哲学は今日の世界の人びとにとって大切になるか」という質問に対し、次のように答えている。

今や、人類が直面している問題の多くは、直接的には観察できない物質的な過程によって引き起こされています。それはすなわち、環境や河川や海の緩慢な汚染であり、大量生産において規格化された労働の拡散を要因とする、人間の技能の緩慢な低落です……私たちが直面している物質的な問題、それもその多くが直接的な経験を逃れてしまう問題の緊急性のために、リアリズムが再生することになりました(8)。

ここで言われているのは、人間が生きているところを心とは独立の物質的な現実として考えるリアリズムの立場が、人間が生きているところに生じる汚染の問題を考えることと連動している、ということである。それでも、人間が生きているところは、完全に人間が存在しない、海や川、大地そのものとは異なっている。人間が生きていくためには、人間が生きているところを、海や川、大地を土台にしつつ、共同体、村落、都市というように、海や川とは別のリアリティをもつものとして形成することが求められる。

デランダは、二〇一三年の論考「存在論的な関与」で、「心から独立している」ということが何を意味するかに関して、注意深くなることが求められると述べている。すなわち、エコシステム、気候のパターン、山や海、惑星と恒星を心から独立のものと考えるときと、共同体や都市が心から独立していると考えるときとでは、「心から独立している」ということの意味は変わってくる。難しいのは後者である。なぜならば、共同体や都市のような実体は、「共同的に相互行為し、指令を与えそしてそれを守り、建物と道路を建設していく心なしでは存在しない」からである。そのかぎりでは、共同体や都市は、心から完全に独立していない。

それでもデランダは、人間がつくりだす共同体や都市のようなものに、心から独立のリアリティを認めていこうとする。それは「客観的だが人間の心によってはあまりよく理解されていない内的な力学」という意味でのリアリティである。つまり、共同体や都市は、人間の制作物として定まっているかぎりでは人間の心から独立していて、人間の心では理解が難しい力学を備えてしまっている。だが共同体や都市は、人間がみずからの心的作用をつうじてつくりだそうとしたことを経て現れたものでもある。ゆえに、人間の心から完全に独立な状態で、山や惑星のようにして出現したものとは異なっている(9)。

共同体や都市を、人間の心とは独立のものと捉える点で、デランダの思考は独自である。だが、共同体や都市が、山や惑星とどのようにして異なっているかに関しては、デランダの考察は徹底されていない。つまり、共同体や都市は人工物で、山や惑星は自然物であると考えることもできるのだが、そこの違い、人工と自然の違いがいかにして生じているかということについて、デランダは十分に考察していない。

流体的思考への批判

二〇一七年に刊行されたグレアム・ハーマンとの対談本で、デランダは、一九九一年に『機械たちの戦争』を刊行したあと、何がリアルなのかを問うみずからの立場を明確に自覚するようになったと述べている。

戦場の空間は、たとえそこが明確に文化的な空間であるとしても、金属製の弾丸、榴散弾、衝撃波、砲火で満たされている。これらの致死性の物体は、兵士がこれらの物体が存在するかしないかどうかを信じるかどうかとはかかわりなく、人間の身体に影響を与え、死体と損傷した身体を後に残す。そして千年の歴史に関する私の著書は、物質とエネルギーの流れ、飢饉と疫病に着目するものだが、戦争にかんする著書と同じ理由で、やはり明らかにリアリズムのものでした。一つ例をあげるなら、バクテリアとウィルスは、私たちがそれらについての信念を形成するよりも何世紀も前から私たちの身体に客観的に影響を与えてきました。(10)

つまりデランダは、人間の心とは独立にあるとされるリアルなものを、弾丸が発射され、榴散弾が破裂するという物質的な過程にかかわるものとして考えようとしている。そしてこの物質的な過程への着目は後の著書にも継承されるが、ドゥルーズに関する著書においても変わりなく維持されている。デランダは、ドゥルーズの思考においてはダイナミックな過程が重視されていると主張し、次のように述べる。「これらの過程のいくつかは、物質的でエネルギー的だが、いくつかはそうではない。だが後者ですら、物質とエネルギーの世界に内在している(11)」。

たしかに、温暖化、地表の改変、人口増加、石油消費量の増大といった出来事は、人間がそれらについていかなる観念や幻想を抱こうとも、あるいはその存在を信じようと信じまいと、観念や幻想や信念とは独立に、有無を言わさぬ現実として起きている。

そのうえで、有無を言わさぬ現実の背後にはそれを発生させる何らかの過程が存在すると考えるのが、デランダの立場である。つまり、人間の信念からは独立の物質的な現実の背後にあると仮構されるダイナミックな過程なるものにまで思考を向けていこうとする立場と言えるが、クルッツェンたちが提示する現実ははたして、デランダのいうダイナミックな過程、意識から独立のエネルギー的な過程として考えることができるのだろうか。

デランダは、人間生活が、人間の意識から独立したところに存在する現実のなかで営まれていることを論じようとした。その点では、本書の関心と重なる。だがデランダは、意識から独立の現実を、日常的な人間生活の背後において、日常的な生活意識の及ばぬところに生じるものとして考える。それも、人間生活の日常性にとらわれた意識の外において、日常的な生活で経験されることよりもいっそうリアルなものとして生じていると考える。

デランダの思考は、日常的な生活領域の外に広がるものとして現実世界のリアリティを考えようとするものであり、その点では、データで提示される現実像のリアリティに迫ろうとするものであると考えることもできるだろう。だがそれは、人間が実際に生きているところの事物性において生じているはずのリアルなものに迫るものではない。その理由は、デランダの基本にある、流体論的なドゥルーズ＝ガタリ読解にある。

モートンは、デランダが立脚するドゥルーズとガタリの思考においては、「エネルギーの「脱領土化された」流れのほうが、それらの流れを集積する、領土的で「モル的な」諸力以上に現実的である」と考えられていると批判的に述べ(12)、そのうえで、日常世界を超えたところで展開すると想定される流れないしはプロセスのようなもののほうが日常世界で経験されることよりもリアルでありゆえに真実であると考えてしまうなら、実際に人間生活が営まれているところである領土的な世界そのものに特有のリアリティを考えることができなくなると主張する。

クルッツェンたちが提示する現実像は、人間の意識から独立のところにおいて起きている事態を、情報的に、数値で提示したものであり、ゆえにこの現実像が何を指し示しているのかを考えるうえでは、デランダのように、人間の心が形成する観念から独立の現実があるという立場からの思弁的実験を試みることが大切である。データ的現実像は、日常性に埋没したところで抱かれる素朴な実感や共通感覚なるものを離れたところで客観的に展開してしまっている事態を描くものだからである。

だが、このデータ的現実こそが真の現実であり、しかもこの現実は人間が日常的に営む生活とは何の関係もないところにおいて存在してしまっていると考えてしまうと、日常的な人間生活における人間の営みが人間の意識から独立の現実によっていかなる影響を受け、さらにこの現実にいかなる影響を与えているかということを、リアルなこととして考えることが難しくなってしまう。

さらに言うと、デランダの思考においては、人間生活の条件の事物性が考えられていない。たとえ「物質」という言葉が用いられても、デランダの場合、エネルギーの流れという流体的なものないしはプロセス的なものと見なされてしまい、それが日常世界では事物性のあるものとして、つまりは人間によってつくられることで一時的ではあっても定まりながら存在ししかも人間生活の支えになっているということが考えられていない。

モートンが述べているように、この思考は、「定まった存在を流体(flux)で置き換えるもの」として捉えることができるだろう。その基本には「流体のなかにあるいかなる事実にもましていっそうリアルである流体が存在する」という想定がある。[13] これは日常的に営まれている人間生活の定まらなさをリアルなこととして考えようとするものではなく、日常世界の彼方にある流体としかいいようのない何ものかのほうが、日常世界におけるいかなることよりもリアルであるということをひたすら主張するものである。

3 エコロジカルな世界を受けいれる

人間は自然のなかで生きてしまっている

クルッツェンたちは、自分たちが提示する現実像が日常的な生活を営む人たちに受入れられないことを問題化している。人間生活が自然のあり方を改変しているという現実が、日常的に営まれている生活にかかわることとして受けとめられず、自分たちとはかかわりのないこと、遠いところで起きている事態として見過ごされてしまうことを問題化している。

ゆえに問われるのは、データを根拠にして提示された現実像を人間生活が営まれている日常的な領域にかかわることとして受けとめるにはどうしたらいいのか、さらにこの現実像とのかかわりのなかで自分たちの生活領域のあり方を理詰めで描き直すとしたら何が見えてくるだろうか、ということである。

すでに述べてきたように、ここで私たちは、奇妙な事態と遭遇している。アーレントが述べているように、人間生活を、人間が自分たちでつくりだした人間的な世界のなかで営まれているものとして考えることができるが、じつはこの人間的な世界は、自然世界との接点で、そこに積み重なるようにして形成されている。アーレントは、自然世界に由来する事物が人間生活のための領域をつくりだす材料として活用されるところにおいて、人間的な世界が形成されると考えた。人間活動は、自然に介入してそれを利用し、自然との接点において自分たちの生活の条件を作りだしていく。自然はあくまでも人間的な世界のための材料および背景でしかない。

これに対し、クルッツェンたちが明らかにするのは、人間が自然のあり方を改変しているということである。つまり人間の力は、自分たちの生活の条件を人工物としてつくり出すところだけでなく、自然のあり方にも及んでいる。つまり人間は、自然のあり方に影響を及ぼすことをつうじて、自然と実践的に関わってしまっている。

しかも、人間による自然の改変、さらには人間生活の条件の改変は、データ的な現実像を突きつけられ客観化されることではじめて気づかれるようになった。モートンが述べているように、自然の改変は、人間が「盲目的に行動する」ところにおいて進行したと言える。この盲目性ゆえに、自然の改変のリアリティは、人間の日常的な意識の範囲に入ることがない。

それでも、クルッツェンたちの論文は、改変されている地球の現実像をデータによって見せつけてくる。

アーレントは、人間の条件を事物性のあるものとして考えるのだが、そこで事物は、人間的な世界の構成要素になっている状態と、その外に追いやられ、互いに無関係なものの堆積の状態にあるものの二つに区分されている。人間存在を条件づける状態にある事物は、人間生活が営まれる人間的な世界の領域内にたしかに存在するものとして知覚され、人間生活を現実に支えるものとして感知され、認識されている。これに対し、人間的な世界の外側にあるとみなされている事物は、はっきりと世界ならざるもの（non-world）と言われてしまっている。世界ならざるものということはつまり、人間生活とは無関係で、人間生活の及ばないもの、人間生活から放置されているものということである。

アーレントは、事物の状態を二つに区別する。マーガレット・カノヴァンの指摘にもあるように、この区別は、人間主義的な対比を踏まえたものである。すなわち、一方には人間が自分たちの手でつくりだす人工的な世界があり、他方には、人間がただの生物学的な生き物として属することになる自然環境がある。そしてアーレントは、後者の自然環境を、人間世界を脅かす荒々しいものと見なして忌避している。自然は野蛮であり、不安定であり、人間生活の安定的な基盤を脅かし、崩壊させる。

こう考えてしまうと、人間生活が人工物としての人間の条件だけでなく、この条件そのものを支えとりまくものとしての自然において現実に営まれているということが、考えられなくなる。じつは人間は、人間的な世界だけでなく、自然においても生きてしまっている。野蛮で不安定で禍々しい自然においても生きてしまっている。だが、これをリアルなこととして認めるのを許さないというだけでなくただの野蛮なものだとみなして忌避することを促す何かが、人間において作動してしまっている。アーレントの思考も、この何ものかに囚われている。

人間的なものとエコロジカルなもののあいだ

モートンは、次のように述べている。

私の頭上に落ちてくるこれらの雨だれと、高次元の相空間で進行する大規模に配分された実体の、目には見えないがそれでも現実的であるふるまい――すなわち、まさに気候変動そのもの――との間における現実において、溝(gap)が空いている。(14)

この主張が興味深いのは、雨だれが私という人間の頭上に落ちてくるという出来事の起こる領域が、それよりも広大な領域の一部として成り立つことを示そうとするものだからである。つまり、人間が生活し、人間に関係のあることとして出来事が生じ、受けとめられる領域があるということを認めながら、それでも、現実世界ではこの人間的な領域を包み込みつつ支える広がりが生じ存在していること、そしてこの広がりについての思考が、気候変動という、人間の直接的な知覚や感覚だけでは全体像を捉え得ず、だからこそそれがリアルであることの証明のために、データに基づく科学の知見を頼りとせざるを得ないことを、示そうとするものだからである。

しかもモートンは、人間的な領域とそれを包み込む広がりとしての領域のいずれをも否定せず、ただ単純に、そのあいだには溝があるという。人間的な領域の内部だけがリアルであると考え、その内部における出来事しか感じようとせず、受け入れようともしないなら、それを包み込む広がりは、まったく感知されず、のみならずリアルではないとされてしまうだろう。あるいは、これとは逆に、人間的な領域の背後ないしは外部に日常的な人間生活の領域よりも現実的な世界があると考えてしまうなら、日常的な領域における生活経験は、偽りのこと、つまりは一種の虚構と捉えられ、否定されてしまうことになりかねない。

モートンは、人間的な領域とそれを包み込む広大な領域は、ただ溝で隔てられていると考える。広大な領域をめぐる思考は、ただ頭のなかで起こるのではなく、現実に人間の領域のなかで生活しているところにおいて可能になる。ただしこの広大な領域で起きている事態――それをモートンは「人間活動によって物理的に影響を受けてきた人間ならざるものの現実」と言い表す[15]――は、人間の領域とはまったく無関係ではないところで起こっているのにもかかわらず、自分たちがたしかに行っていることの影響が及び、自分たちにもかかわりのあることとしては感じられず、ゆえに実際に起きていることとして受けとめられない。

　クルッツェンたちの論文は、人間活動の影響が地球に及んでいることの現実を、データとして、科学的な言明として提起する。メイヤスーのように考えるならば、このデータ的現実は、人間の生活意識に先立つところで提示されるものであるといえるだろう。メイヤスーの問いは、「世界のデータに明確に関わっている科学的言明の意味をどのように把握すればよいのだろうか」というものである[16]。科学的な言明は、人間の共同主観的な意識、間主観性とは相関しないところで何かが起きていて、しかもその何かが、人間生活に影響を及ぼしてしまっていることを突きつけてくる。これがいったい何を意味するかをメイヤスーは問う。

　これに対し、モートンが問うのは、人間活動が人間ならざるものの領域にリアルに影響を及ぼしているのにもかかわらず、それが人間の領域においてないことにされてしまっていることの奇妙さをどう考えたらいいのか、である。

　実際、データにもとづく科学的言明の意味は、それをしっかり熟読するなら、頭で理解は可能である。それが人間の共同主観性ではなくてコンピューターのデータ処理能力に由来する現実像であっても、人間の頭で理解することはできる。それでも、人間が地球を改変しているというデータ的現実像は、人間生活が日常的に営まれている人間的な世界においては、重大な問題として現れてこない。注意を向けられることがない。

つまり、データにもとづく科学的言明があれば地球改変の現実への関心が高まるということにはならない。さらに求められるのは、このデータ的現実像をリアルなこととして受けとめ、しかもこれが人間的な世界にとって意味ある事態であること——共同主観性に由来する像ではなくても意味がある——を言語で論じていくための人文学的な思考である。

脆さのリアリティ

アーレントは、「もしも事物が人間存在を条件づけるものでないならば、事物は互いに無関係なものの堆積になり、世界ならざるものになるだろう[17]」と述べている。事物が世界ならざるものになるとはつまり、人間の世界であることをやめることを意味する。具体的には、それは瓦礫として、廃棄物として、受けとめられることになるだろう。

たとえ瓦礫や廃棄物であっても、それらは事物である。人間世界を構成し、成り立たせていく要素とは違うあり方においてであっても、それらは事物である。それでもアーレントの思考に忠実になって考えるかぎり、瓦礫や廃棄物は、世界ならざるものへと追放された無用物というよりほかなくなってしまう。

人間的な世界の構成要素とはなりえず、そこから排除され、放擲され、無用物として、廃棄物として扱われる事物は、たしかに、人間世界の内部において安定的に生きていることを自明の理として考える人たちから見ると、「互いに無関係なものの堆積」であり、雑然とした集塊、不要物でしかないのかもしれない。

だが、瓦礫、捨てられたものは、ただの雑然とした集塊でしかないのか。有用なもので、使えるものだけで満たされている人間の領域の外にある、壊れた事物、瓦礫の堆積する領域は、人間とは無関係の、ただ雑然とした集塊の領域でしかないと言ってしまっていいのか。

モートンは、次のように主張する。

存在するためには、ものは脆弱でなければならない。これはわかりきったことに聞こえるが、その深遠な存在論的理由について考えるなら、それはきわめて奇妙になる。ものは私たちのまわりでいつも死んでいくのであり、他のものに生を授けるときでさえもそうなのである。ものが感じさせるのは、それが消えていくことへの哀歌である。(18)

ここでは、アーレントとは正反対のことが述べられている。まず、事物はたとえそれが人間世界にあるとしても、壊れつつあるものとして受けとめ、考えておくことができるといわれている。むしろ、脆くない事物などはない。あらゆる事物は、つねに壊れゆく途上に、アーレントであれば世界ならざる事物がただ集積するところと捉える領域に移りゆく途上にある。「人間がつくりだす世界」と「世界ならざるもの」とを切り離してしまう思考のイメージとはかかわりなく、ただ脆いものとして、壊れゆく途上において存在している。

ただしモートンは、事物の領域を語るとき、そこではただ諸々の事物が存在し、人間的なものも人間ならざるものもフラットに連関するということを言おうとしているのではない。彼の場合、事物は不変の恒常的な現前の状態で存在するのではなく、壊れつつそして消えつつあること、消滅しつつあることの途上において偶々存在しているのにすぎないと考えている。しかも、この偶々というあり方は、人間的な領域にありながらそこと溝を隔てた状態で接しつつ、それでも人間的な領域のなかに完全には包含しえずむしろ人間的な領域をその一部分として含み持つ広大なひろがりにも属しているという、事物にそなわる奇妙な性質のためである。

そしてモートンは、人間が抱く「空間」や「世界」といった表象とはかかわりなく、事物が存在すると考える。しかも、事物にそなわる性質が、空間や世界を生じさせるとも考えている[19]。

アーレントは、人間がつくりだす世界を、公的世界と考えている。公的世界という、古代ギリシアに由来する理念的構築物のなかに、事物が収められ、人間にとって意味あるもの、廃棄物ではないものとして存在できている、このように考えている。この点でも、モートンの思考はアーレントとは真逆である。

ところでモートンは、『エコロジカルな思想』では、事物の連関、絡まり合いは「本当に存在している（独立していて固形的な）事物を含まない[20]」と述べていた。つまり事物は、完全に独立せず、他の事物と連関し、絡まり合いを形成するなかで存在するが、ただし、定まっていて不変の恒常的な現前とは違うという意味での不在において存在するというあり方で存在する。モートンは、自らの感覚と思考においては、事物がいかなるものであるかを捉えていたのだろうが、この著作では、議論そのものはまだ未成熟で、十分に述べることができていない。

これに対し、後に書かれた『リアリスト・マジック』におけるモートンは、事物にある「あるかなきか」の性質を、「脆さ」ないしは「消えていくこと」として、考えようとしている。言い換えると、モートンの議論は、事物におけるリアリティを「脆さ」ないしは「消えていくこと」に感知し、見出していこうとする議論として受けとめることが可能なものになっている。

それはおそらく、固形的で安定した場所のほうが例外的で、脆く、壊れてしまうことがあり、そして消えてしまうこともあるという儚さにこそリアリティがあると考えていくことを意味する。そしてこう考えることでこそ、私たちもまた、自分たちが生きている現実世界のリアリティを、繊細な理知に導かれていくようにして捉えることができるようになる。

震災のときのように、住み慣れた世界が現実に壊れ、瓦礫になっても、この崩壊と瓦礫化が現実のこととして受けとめられず、非現実的な光景にしか見えてこないということがある。

それでも川内倫子は、瓦礫の積み重なる場所を、ただ静かなものとして感じ、その静けさに怖さを感じ、そこで自分が存在するということのリアリティを実感したと述べている。彼女には、瓦礫の世界を非現実的ならざる光景として捉え、映し出すことができた。

彼女の写真には、散らばっている事物が映し出されている。瓦礫化以前の、定まった世界に属することをやめたものとして事物をみるなら、これらはただの瓦礫、廃棄物、無用物でしかないだろう。

だが、事物はじつは定まることがなく、脆く、消えゆく途上にあるものとして存在しているというモートンの主張を信じるのであれば、散らばった事物こそ、事物に本来備わっている性質を感じさせてくれるあり方で存在するというように考えることができるだろう。散らばった事物は、アーレントのいう世界ならざる領域に追放されたのではなく、人間的な世界から解放され、それをとりまくエコロジカルな領域において存在していることを露わにした。

そしてモートンは、現実に事物は存在すると考えていると述べてはいるが、それでも、事物には謎があること、この謎ゆえに、人間の知覚へと還元しえない、「引きこもった(withdrawn)」性質があるという[21]。そしてこの謎、知覚へと還元し得ない性質は、たしかにあったはずなのに消えてしまった事物があたかも残り香のようにして漂わせる、痕跡のようなもの、足跡のようなものにかかわると、モートンは続けていう。この残り香、痕跡、足跡は、私たちには完全に知ることも、それらについて語り尽くすこともできないものとして存在する。つまり、知ること、話すことを逃れ、超過しつつ、それでもなお完全なる無とはならず、そこにいる人につきまとってくるものとして、存在する。[22]

注

（1） Will Steffen, Jacques Grinevald, Paul Crutzen and John McNeil, "The Anthropocene: conceptual and historical perspectives," *Philosophical Transactions* 369 (2011): 849-850.

（2） Ibid., 861.

（3） ルチアーノ・フロリディ『第四の革命――情報圏が現実をつくりかえる』春木良且、犬束敦史監訳、新曜社、二〇一七年、六六頁。

（4） Morton, *Ecology without Nature*, 26.

（5） Timothy Morton, *Hyperobjects*, 198.

（6） Timothy Morton, *Realist Magic: Objects, Ontology, Causality* (Open Humanities Press, 2013), 17.

（7） Timothy Morton, "The Oedipal Logic of Ecological Awareness," 19.

（8） Manuel DeLanda, "Manuel DeLanda in conversation with Timur Si-Qin," January and April 2012, http://timursiqin.com/manuel-de-landa-in-conversation-with-timur-si-qin/
（9） Manuel DeLanda, "Ontological Commitments," *Speculations: A Journal of Speculative Realism* IV, 2013.
（10） Manuel DeLanda, Graham Harman, *The Rise of Realism* (Polity Press, 2017), 3.
（11） Manuel DeLanda, *Intensive Science and Virtual Philosophy* (Continuum, 2002), 5.
（12） Morton, "The Oedipal Logic of Ecological Awareness," 12.
（13） Morton, "Weird Embodiment," 20.
（14） Morton, "The Oedipal Logic of Ecological Awareness," 14.
（15） Ibid., 8.
（16） メイヤスー『有限性の後で』、二四頁。
（17） Arendt, The Human Condition, 9.（アーレント『人間の条件』、二二頁）
（18） Morton, *Realist Magic*, 188.
（19） Morton, *Realist Magic*, 48.
（20） Morton, *The Ecological Thought*, 39.
（21） Morton, *Realist Magic*, 17.
（22） Ibid., 47.

第五章　事物の世界と詩的言語の可能性

人間の条件は、人間がつくりだす公的空間だけでなく、その外において広がる人間ならざるものをも含めたエコロジカルな空間に支えられているのだとしたら、このエコロジカルな空間をも論じうるものへと向けて思考を広げ、さらに言葉をも、思想をも、広げていくことが求められることになるだろう。

その点で、モートンの『自然なきエコロジー』の試みが重要である。これは、人間をとりまく世界を、有機体論的な自然の観念から解放し、その事物性を意識化し、そこにもとづく思考、感覚、行動の原理を確立しようとする試みである。

モートン自身も述べているように、この試みの基本には、アウラ崩壊をめぐるベンヤミンの考察がある。複製技術時代という、工業の高度な発達を条件とする時代においては、感性と思考、さらには言葉のありかたが、アウラという霊的なものとは相関しないものになっている。

現代において、インターネットの浸透と連動するかのようにしてアウラの崩壊はさらに進行しているが、そこで人は、アウラから解放されたものとして事物とかかわり、そのリアリティを感じながら、みずからの思考、感性、言葉を形成していくことがいっそう求められることになる。それは、人間の条件の事物性を率直に認めていくことと連動していく。かくして、私たちの生きているところのリアリティを捉えうる言葉は、この事物性に触れたところにおいて発されることになるだろう。

1　事物のリアリティと詩的言語

事物との相互的交渉

藤田省三が論じているように、高度成長以後の日本では、事物とのリアルな相互的交渉をつうじた経験からの思考と感性は衰微してきた。藤田はそこで進行した事態を、「新品文化」と評した。つまり、高度成長のもとでは、商品が次々と新しい既製品として提供され、壊れたら廃棄されるというプロセスが成立する。そこでは、人間からの能動的な働きかけ（修繕し、古いものと新しいものを連関させ、長く使うといったこと）は必要とされない。人はたしかな経験をともなう能動的な働きかけを欠いた状態で既成品を使うことになる。

そして、既製品は、「自然的材質とのつながりをすっかり奪われたもの」として提供される。そのことゆえに事物は、「完結した現在形としてだけ存在する」ことになるが、そうなると、事物に含まれていたはずの過去の姿や、ありうべき未来の姿といったことを想像する余地が事物においては存在しないことになって、私たちはただ事物の現在形に関心を注ぐようになる。[1] これも視野狭窄の一種といえよう。

先にも述べたが、モートンは、今という時間を、完結した現在形としてではなく、「過去と未来のあいだにおける奇妙な相対運動」と評している。つまり、「すべては、過去と未来が互いに触れ合うことなしにすれ違っていくところである、鉄道の分岐点のようなものである」。今ここにある諸々の事物の集積であるこの世界は、過去から使い込まれてきた諸々の事物が、未来にもさらに使われ新たに命を吹き込まれていく途上において存在しているところに成り立つ偶然のものでしかない。既製品の自己完結性においては、この時間的な、過去と未来の偶然的な連関が絶たれている。

モートンやハーマンが提唱する思想は、事物の世界で生きていることを考え直そうとするものである。ただし、それらの導入を試みるにしても、事物との相互的交渉をあらためてやりなおすという主体的な営みに基づくものであるべきである。高度成長をつうじて衰微し中断した思考を、つまりは事物への関心からの思考をやりなおすということでもある。事物との交渉のなかで発される言葉でないと、人間の条件を捉え、意味のある表現として言い表すことはできない。

科学技術化のもとでの主体性の喪失とそこからの回復

藤田の議論は、戦後の高度成長期における、人間の主体性の喪失を問題化したものといえるだろう。ただしこの議論は、藤田に限定されるものではない。一九七〇年代以降の産業公害を、人間世界の科学技術社会化のもとでの主体性の喪失の進行と相関するものとして考えた科学者や文系学者のあいだで広く共有されていた。ただし、主体性の喪失をめぐっては、議論はさまざまに分岐した。

瀬戸口は、一九七〇年代の科学批判の論点を、二つにまとめている。一つは軍産学複合体批判である。第二次大戦後、国家が科学を支援する体制整備が進んだが、アメリカとソ連ではとりわけ、軍事に結びつく研究への支援が行われるようになった。原子力、宇宙開発がその代表である。

そして二点目が、科学者の主体性の喪失である。「かつての科学者は、自らの関心のもとに新しい知識を切り開いていく自律的な存在であった。しかし科学研究が大規模化するとともに、科学者はプロジェクトのなかに埋没していくことになる。そこで科学者一人一人は、交換可能な部品にすぎない」[2]。主体性を喪失した科学者には、自分を統合し、交換可能な部品にしていく巨大なプロジェクトそのものが、人間のみならず自然世界に今後いかなる影響をおよぼすかなどということを考える余裕はなくなる。

この時代においてとりわけ深刻だったのは、科学者という人間における、主体性の喪失の問題であった。すなわち、科学者がやっていること、さらにはその社会的・人間的・惑星的な影響が、科学者自身によくわからなくなっているにもかかわらず、それでも科学研究を続けていかざるをえなくなっている。その帰結として産業公害が起こったのだとしたら、この主体性喪失状態が続くかぎり、今後も産業公害は続くだろう。科学者の主体性喪失状態からの回復が求められるが、そこで主体性というとき、これが何であるのかすら、よくわからなくなっている。瀬戸口のみるところ、主体性が何であるかは、一九七〇年代から数十年を経た現在においても、いまだにわからぬままである。

そこで瀬戸口が着目するのが、科学哲学者の坂本賢三である。

瀬戸口は、坂本の独特のスタンスを、次のようなものとして提示する。科学批判、技術批判の論者の多くが、「現代科学から意味が奪われ、人間の主体性が失われつつあることを告発」してきた。坂本もやはり、「意味が失われた世界とどう向き合うか」を課題とした。技術が自然を破壊し、人間から自由を奪うことに危機感を抱いた。

それでも坂本は、機械化の進展と、世界における科学技術化の浸透のもとでの意味の消滅を不可逆的な事態と見なす。瀬戸口は、坂本の基本にあったスタンスを、次のように言い表す。「いま私たちがやるべきことは、科学技術がもたらす現実から目を背けることなく、合理性を貫き通すしかない」。

ここから坂本は、科学技術の産物である機械に積極的な主体性を与えることで人間疎外の問題を克服できるという見通しを立てた。

それは文字通り、人間と同等になる世界である。将来、さらに「外化」が進めば、機械はますます人間から「自立」していくはずである。そのとき機械は一つの「生命」となるだろう……機械が「生命」となるとき、それは生き生きとした営みをはじめるだろう。そのとき、機械に包み込まれた人間もまた、生き生きとした存在となるのである。(3)

瀬戸口は、坂本が大阪大学理学部の学生だったとき小野十三郎の詩会に参加しており、後に単著『機械の現象学』(一九七五年、岩波書店)を書いたときにもそこで小野の詩を引用していることを指摘している。つまり、水俣病のような産業公害の問題との関連で、科学の意義が批判的に問い直され、さらに科学者の主体性喪失が問題化されたまさにそのとき、小野十三郎の詩に着目した人がいた。

そして瀬戸口は、坂本が機械の風景を描いたものとして小野の詩を引用したと述べている。つまり、大阪市の工業地帯の荒涼とした風景をよんだ詩である。

風の中に
煙がみだれる。

おれが草だって?

むしろ鉱物だよ。

地に突き刺さった幾億千万本のガラス管。

ひょっとすると

ああ、これはもう日本じゃないぞ(4)

小野の詩は、事物を凝視するところにおいて言葉を発していこうとする点で、独自である。ただ自分の内的な詩情なるものを吐露するのではなく、煙や草や鉱物という、自分の外に広がっている諸々の事物とかかわり、それらを凝視し、触れていくなかで、詩の言葉を発する点で独自である。小野は、事物との相互交渉を欠くなかで思考し言葉を発することを習性とする人間とはまったく異なる詩人であった。ゆえに、一九七〇年代のその時期において小野という詩人の言葉を発見し、さらにこの言葉を発する主体のあり方——事物と交渉する主体——に着目した坂本の感覚は、的確だったといえるのではないか。

詩的に語ること

詩の言葉が唐突に話題になるということに当惑する人もいるだろう。近代の科学技術化のなか、人間の条件の自然性への人びとの感度は鈍くなり、事物との相互的交渉がなくなり、そのことゆえに人間の言葉が現実へと迫る力を失って空疎になっていく状態を抜け出るには、詩よりはむしろ厳密な理論的言語の鍛錬のほうが重要であると考える人もいるかもしれない。

本書は、過度なまでに既製品化されて現在のなかに自己閉塞してしまった人間世界の外を考えようとするものである。つまり柄谷行人が『内省と遡行』で試みたことの延長上にあると言えなくもない。そうであるならば、外部を「詩的に語ること」は禁じられているはずではないかと考える人もいるだろう。それは最後の手段であり、「ありふれた安直な手段」であり、厳密さを欠いた、逃げ道であると考える人もいるだろう(5)。

このような考えに対しては、次のように述べておく。まず、詩的に語るということは、けっして厳密さを欠いたものではない。坂部恵がローマン・ヤーコブソンの「詩と言語学」を踏まえて述べているように、詩は「作者自身にとっても受容者にとってもあらたな世界の見方の発見につらなるような範列（パラダイム）」の発見・着想に始まる(6)。つまり詩は、日常的な習性となって水平的に共有されている言語使用にとらわれるかぎり見えてこない世界のリアリティへと垂直的に到達するべく発案される新しい言葉のパラダイムとして打ち出される。言葉の効力を最大限に発揮させるための緻密な知的営為が詩の背後では作動している。

さらに、詩の言葉は、理論的な言葉と異質ではあっても、かならずしも対立関係にはない。むしろ、理論的思考だけでは達することのできない領域を先駆的に指し示すことで、理論的言語を補完するものとして捉えることが可能である。

モートンが示唆するように、詩の言語は、理論的言語や日常的に話される言語の余白、すき間に達するものであると考えることができる。

モートンは、アンビエント詩学を、次のように定式化する。それは「文章を、まさにその文章が記されている文字の空間——かりにそういうものがあるとしたら——を、つまりは、言葉のあいだの空間、頁の余白、読者の物理的社会的空間をいかにして書き記すかということに着目しながら読み解く、唯物論的な方法」である(7)。つまり、書かれた文章をただそれだけで自己完結したものと考えるのではなく、文章が書かれていくのをとりまいている空間世界——そこには書いている人間だけでなく、この人間が住んでいる家、街、親子や友人、職場の人間関係、自然世界とのかかわりなども含まれている——のなかにあるものとして読み解くことを可能にするのが、モートンのいうアンビエント詩学である。

この詩学の方法論を用いるなら、私たちは、ただ詩だけでなく、小説、哲学、経済学の文章をも、自己完結させることのないかたちで読み解き、現実世界のなかで書かれ、生じてくるものとして読み直し、現実世界の様々な文章や出来事と連関させていくことができるようになるだろう。理論的思考を補完するものとしての、アンビエント詩学の方法である。ただしこの詩学の方法の体得のためには、実際に詩を読むなかで学ばれることが求められる。

2　「物化」への詩的実験

事物の凝視

二〇一〇年代において小野の詩はおそらく、機械化よりもさらに進んだ「物化」の状況において読まれることになる。

小野は、自分をとりまくものとしての事物を凝視し、描写することをつうじて、そこを日本という閉じた全体性へと統合されることのない、広がりのある世界として捉えていた。そのスタンスは、坂本が引用する作品である「葦の地方」においても一貫している。

葦の地方とは、大阪南部に広がる工場地帯のことである。小野は、工業化された葦の地方が、日本の国土にありながら、日本というナショナルな閉ざされた想像力の外へと広がる世界性をおびた場所になろうとしていることを感知する。そこは日本の国土に含まれる部分でありながら、「世界の第四百六十五位の工場地帯」(8)として、世界に属するものでもある。

酒井隆史によると、小野は、東京から大阪に戻った後の一九三四年以降、大阪市の南部に広がる工業地帯を探訪することを日課とするようになった。この経験が、小野の詩のスタイルを、叙情性のない、即物的なものにした。それは「モノへの情緒のまとわりつきを一切許さずその重量と質感のまま剝きだしにすることで精神にけしかけること」(9)という課題に対応するものであった。

事物へと向かう即物的な姿勢は、一九三〇年代に進行した大規模な工業化にともなう人間の生活領域の改変に応じたものといえるだろう。つまり、戦時下の機械化のもとで進行した人間疎外——機械に従属し、人間らしさなるものを喪失していく——が問題化され、疎外を精神主義的に乗り越えることの重要性（機械化の根底にある西洋的な精神を乗り越えていく。つまりは「近代の超克」）がさかんに論じられていたとき、小野はむしろ逆に、機械化のもとでなおも存続する事物の確かさに、現実感覚のよりどころを求め、人間の主体性の再獲得の手がかりを求めた。

一九四五年に戦争は終わったものの、それでも生活様式の機械化・工業化は進行し、藤田が述べていたように機械化と工業化のもとで人間は事物と相互交渉することを怠り、事物の確かさへの感覚を衰微させていったと考えるなら、機械化と工業化のもとであえて事物を凝視していった小野の試みは、この衰微に対抗しうるものであったというだけでなく、衰微の徹底化の行き着く果てに新たに発案されることになる思考の先駆であったと考えることもできる。それは、自分が現実に生きている、変わりつつある生活領域とのかかわりのなかで、自分の感覚、思考、言葉をもつくりかえていくという試みである。

寺島珠雄は、小野の試みを、「啓蒙し号令する大時事直情詩から凝視し描写する小時事構成詩へ、拡散から濃縮へ[10]」と評している。つまり時事的な問題を俯瞰的に捉えわかりやすく図式化して解説するのではなく、自分の生活領域を歩きまわり実際に人や事物と出会うところにおいて感覚されてしまう変化を見据え、そこに時代の相貌を感受することだが、この大切さに、小野は東京にいたときから意識的であったと寺島はいう。それでも、このスタイルが確立されていくことにおいて決定的であったのは、東京から大阪へ移動し、そこで工業地帯を歩き、事物を凝視することであった。

精神の克服

工業

澢川を埋め
湿地の葦を刈り
痩せた田畑を覆えし
住宅を倒し

未来の工場地帯は海に沿うて果てしなくひろがっている。
工業の悪はまだ新しく

それはかれらの老い朽ちた夢よりもはるかに信ずるに足る壮大な不安だ。

私は見た
どす黒い夕焼けの中に立って。
もはや人間も鳥どもも棲めなくなった世界は。

またいい。(11)

この詩は、最初は一九四一年刊行の『風景詩抄』に収録された。一九三九年から四一年にかけて書かれたものといわれているが、つまり、総力戦体制の渦中で書かれたものである。そしてこの詩は、工業化のもとで進行する、人間の生活領域の変貌についての詩である。工業化が進み、生活領域が改変されていくことの果てに見出されうるのは、人間だけでなく鳥もまた棲むことのできなくなった世界である。小野はこの変貌を「悪」といい、不安を感じているが、にもかかわらず「またいい」と肯定してしまう。なぜだろうか。

工業化とは、自然から原料を採取し、廃棄物を自然へと廃棄する、物質循環の過程である。それは工場を建設し、機械を設置し、それを作動させ、原材料を加工し、生産物を産出するという一連の過程だが、そこにはもちろん、人間が介入する。人間は、川を埋め、葦を刈り、田畑と住宅を工場用地へと転換させていく。小野はそこに「悪」を感じ、壮大な不安を感じている。実際、この詩が書かれたおよそ三〇年後の一九七〇年代には公害が問題となり、さらにその四〇年後の二〇一一年には工業化の極致とでもいうべき原子力発電所が爆発する。小野の予見はかならずしも誤りではなかった。

人も鳥も棲むことのできない世界の到来を予見しつつ、それでも小野は工業を肯定する。「人間疎外の克服」や「自然保護」という観念的でわかりやすいスローガンを掲げるのではなく、工業の悪を見据えつつもそれを肯定してしまう。問うてみたいのは、この肯定はいかなる肯定であるかであり、壮大な不安を抱いていながらなにゆえに小野は工業を肯定したかである。

鮎川信夫は、「「老い朽ちた夢」よりも、新しい「工業の悪」をとるという態度は、いかにもリアリストらしいきびしさを内に秘めた現代に対する積極性を示している。そうしたドライな感触を好むところに、短歌的抒情を否定した近代主義者らしい小野の情緒の質が窺われるのである」[12]と述べている。「老い朽ちた夢」は、「かれら」が抱く夢のことだが、当時が戦時下であること、さらに小野が短歌的抒情を否定したことをもとにして推論するなら、それは有機体論的なもの、前近代的な共同体主義だろう。小野は、工業化のもとで進行する有機体論的なものの解体、前近代的な共同性の崩壊、抒情的な感性の希薄化とドライな感覚の発生を引き受け、そのうえで先を考えることを選択した。たしかに小野は、子供のときから「自然ぎらい」であったと自伝で告白している[13]。ゆえに鮎川が言うように、小野がそもそもドライなものを好む気質の持ち主だったから、工業を肯定してしまったと考えることもできるかもしれない。

だが、たとえドライな気質の持ち主であっても、戦時下という、近代的な工業化の進展と前近代的な精神主義的風潮の高揚という相互対立的傾向の同時進展において工業をあえて肯定してしまうという選択が自ずと可能になるとはかぎらない。そこには、独特の時代感覚が、つまりは自分なりに時代を読み解いたうえでもっとも効果的な表現行為が何であるかを計算することを可能にした感覚の働きがあったのではないか。酒井は次のように述べている。

小野が戦時体制の構築と運動への弾圧、転向現象、そして「民衆の変貌」といった流れのなかで選びとったのは、「行動者」であることをさしあたって控え、「視る者」になることにほかならない。積極的な行動の契機を奪われ、もはや想像においても操作不可能である現実の奔流のなかで、視ることを強いられる者である[14]。

満州事変以後の日本は、佐野・鍋山の転向宣言、滝川事件、自由主義者の弾圧によってまず左派が鎮圧され、二・二六事件以後の陸軍皇道派の没落後は極右が鎮圧されるというようにして、左右両翼の政治的反対派が、粛正されていく。それらが地ならしとなり、陸軍統制派が主導して策定された高度国防の方針が打ち出され、総力戦体制が構築されていく。そして廣重徹の指摘にもあるように、科学振興が本格化したのは一九三七年以後だが、高度国防国家の方針は、科学の戦時動員を不可欠の条件とした[15]。生産力の増強と、軍事力の増強のためには、科学動員が不可欠であった。じつはこのときの科学動員と育成が、戦後における高度成長の土台になったという廣重の指摘は興味深い。

戦時体制は、科学動員という物質的な強制力の行使を条件としつつ、思想統制のもとで自発的な行動の余地を徹底的に剝奪していく体制である。そこでは、生産力の増強を円滑かつ効率的に進めるうえで妨げになる人間的な要素——共産主義的な革命の見通しも軍人

主導のクーデター も――は巧妙に除去されていく。小野は、行動の余地が奪われていくなか、なおもできることとは何かを模索する過程で「視る」ことを選択した。つまり、「想像においても操作不可能である現実の奔流のなかで、視ることを強いられ」た結果、彼の目は、工業地帯に、それも工業地帯の事物性に向けられ、そこに未来を幻視しようとした。ただし、「視る者」への変身は、都市周辺部への身体的な移動をともなう。酒井は、視る者としての小野が、難波や道頓堀のような繁華街としての大阪を避け、都市周辺部に繁茂する葦の地方に向かい、そこに人間生活の現実性を見定めようとしたと論じている。

なぜ小野は中心としての繁華街から逃れたのか。それは、繁華街が「精神」の喧噪に満たされようとしていたからである。「総動員体制の時代、ひとやモノを包みはじめていた商品の幻影《ファンタスマゴリー》は滑りおちつづけたが、すぐさま、「精神」の幻影が覆いかぶさり、だれもかれもに、兵隊であるかあるいはむなしい生活者であるか、強要している[16]」。

小野は、戦時動員を促していく「精神」を拒否した。「精神」を拒否するためにも、工業を「またいい」と肯定せねばならなかった。工業は、総動員体制のもと、科学動員と裏腹に喧噪の度合いをたかめる空疎な「精神」にたいするアンチテーゼ、日本的な情緒にたいするアンチテーゼであった。

以上から、小野が葦の原へとむかったのは、総力戦体制の渦中という身動きがとれない情勢のなか、それでもなお可能であるのはどういうことかを冷静に考えていたからだと言えそうである。ドライなものへの好みや、気質といったことが、おのずと葦の原へと向かわせたのではない。さらにいうなら、小野は真の問題が「精神」ではなく、むしろその喧噪の表皮のうらで不気味にも進行していく科学動員であり、工業化であることを見据えていたということになろうか。

小野は、「不当に「物」が否定されたとき」という作品で、「私は「精神」に対して怒りを感じた」と書いている[17]。ただし、小野は反精神の立場において、精神の土着性、前近代性を批判するのではなく、精神が「物」を否定すること、つまりは、「物」への感覚を鈍らせることを批判し、そのうえで「物」の徹底的な凝視によって「精神」を乗り越えることを試みた。

事物が出会い集まる場所

小野は、都市の中心を満たす精神の喧噪を逃れた、都市周辺の葦の原の静寂のなかで、工業と、さらには工業がもたらす荒廃と、孤独に対峙する。

雑白な
脅迫がましい精神どもが立ち去ったあとから
私は物質を呼びかえしたい。
その酷烈な形象で
全地平を埋めつくしたい。(18)

小野の態度は、工業を汚染と騒音の元凶とみなして否定し無垢で清浄な場所を希求する態度とは、あきらかに異なっている。たしかに小野は工業の悪を認識している。川が埋められ田畑が壊され住宅が撤去されていくことに、不安を感じている。それでも小野は、工業が「物の位置を信じることが出来る」領域を、つまりは精神と対峙する拠点をつくりだすものでもあると考えている。

おれが草だって。
むしろ鉱物だよ。

地に突き刺さった幾億千万本のガラス管。

資本主義のもとでは、抽象化された時空間のもとで生産される均質空間の拡張により、有機的で伝統に支えられた場所が解体されていくと考えられてきた。人間が出会い、集まっていくことを促し支える本来的な場所が解体される、というように。だが、小野が工業化された領域において見出すのは、ガラス管という人工物が、草さらには鉱物という事物と出会い、会話をかわすシーンである。人間がつくりだす工業的な領域は、葦の原という自然の領域を解体するのではない。葦の原へと入り込み、そこに存在する草や鉱物を発見し、ガラス管という人工物が、草や鉱物のような自然物へと擬態していく。人工物の領域が拡張され、葦の原へと入り込むまさにその境界で、ガラス管と草および鉱物が出会い、混淆していく(19)。

小野の詩は、工業化された場所を、その事物性において捉えようとする。それは均質空間の拡張とこの拡張に対抗する場所という観念的な図式とは、まったく違うところにあると考えられている。モートンが述べていることを踏まえて言うなら、小野の詩は「人間が構築した場所よりもいっそう巨大な場所のなかに私たちがいることを発見する(20)」詩として読むことができる。巨大な場所にいるとき、人は風を感じ、煙を感じ、草、鉱物のリアリティを感じる。この広がりに身を置くことで、文化的で健康な生活を営むために人間がつくりだした場所の狭さ、限定性が、感じられるようになる。ただしそのためには、幻影や精神に満たされた繁華街とは異なる、葦の原という辺境の静寂に身をおくことが求められるのだが。

物質の形象で「全地平を埋めつくしたい」と小野はいう。その詩は、私たちがもつ「物質への感度」を、つまりは事物の世界を生きていることへの感度を高めるためのものとして発されている。場所の事物性は、精神の被いを剝ぎ取られたところで感知される。歩く、聴く、嗅ぐといった、身体の営みをつうじて、場所の事物性を私たちは感知する。小野の詩の言葉は、身体的な営みと直結している。詩は、場所の事物性への身体の感度を刺激し、覚醒させるものとなっている。

そして、事物として感知される場所は、人間の生活と調和したものといわれる有機体論的な全体とは異なっている。場所には、精神において表象される有機体論的な全体としてはとらえがたい、つかみどころのないものがある。そのつかみどころのなさを、小野は「酷烈」という言葉で言い表した。酷烈とはつまり、温和ではなく、調和的でもなく、意のままになることもない、ということである。人間が自然に向けて行使してきた「悪」なるものをものともせず、一瞬にして人間世界を崩壊させ、消滅させてしまうものが、自然としかいいようのない何ものかの広がりにはあるということを直観したところから発された一語として、私たちはこの「酷烈」という言葉を受けとめたほうがいい。

過大都市化と工業化の果て

小野の詩の言葉、さらにその思考は、都市生活者としての感じ方、生活感覚に発している。一九四七年に刊行された『詩論』では、小野の独特の都市的思考が明確に述べられているのだが、そこでも、詩において農村賛美的な風潮が高まりつつあるなか、「都市というものを直ぐにただ「消費」にのみ結びつける考え方がまだ一般的で」、そのために「大都会の周辺に集中する傾きがある工業的生産力など少しも問題にされていない」ことを小野は批判している。(21)

一方で小野は、工業的生産力の高まりとともに人間の生活領域がつくりかえられていくことを不可避と考え、この現実性を捉え得ない言葉と思考が有効性を失いつつあると論じていく。たとえば、城下町のように情緒あふれる都市の個性が「私たちの生活の物質的条件が国際化し、国民生活の内容が複雑化するにつれて次第に減退してきたことは已むを得ない」と言い、情緒——それはベンヤミンのいう「アウラ」と同じようなもののことだろう——を失うところにおいて現れつつある日本の都市に「真ならざる姿」を認め、そこにこそ未来があると言った詩人であり小説家でもあるオルダス・ハクスリーを評価する。そして、「未だに年々四五十万の人口集中を行いつつある過大都市に私は生活している。都市の中の「農村」や「田園」ではとても追っつかないのだ[22]」と述べるのだが、ここにも、「農村」や「田園」への郷愁に根ざす言葉と思考、さらにはその具体化である「田園都市」を越えたところで展開する、都市の巨大化の現実性を冷徹に認めてしまったほうがいいという小野独特のリアリズムがあるといえるだろう。

小野は、工業化において、力の存在を感じとっている。それは次のような逆説的な見解に示されている。すなわち小野は、日本政府が四大工業地帯（京浜、名古屋、阪神、下関・北九州）を対象に「工業規制地域および工業建設指定地域に関する暫定措置」を下し、工業都市化の進展を国家の強制力で抑えつけようとしたことに「精神の或る非情性」を感じたといい、次のように言う。この決定は、「風景環境そのものを見事に裁断し更新するところのある圧倒的な力の存在に関するものだ[23]」。人間生活の条件の変化は、過大都市化において見出される。ここに照準を合わせた点で、政府の認識は正しかったと小野は評価する。

しかしながら、小野が詩で夢想するのは、工業化と過大都市化の進展にともない、人間生活の領域そのものがある極限に達し、国家の強制的なコントロールをも逃れ、その先に移行してしまうところに見出されうる新世界である。それは「やはり往きつくところまで往って、これ以上、もうどうにもならんということにならなければいけないのだ」という見解にも明らかだろう。

小野が独特なのは、工業化と過大都市化を、「田園」や「農村」、「城下町」や「消費都市」という何らかの情緒とともに語られ描き出される都市とは別の水準で、つまりは「圧倒的な力」に促されるようにして進展する事態として考えようとするからである。しかもこの力に促されていく状況を、おそらくは人間の人為的なコントロールをも越えてしまうものとして考えている。

『詩論』の考察から、先の詩を読み返してみたい。

雑白な

脅迫がましい精神どもが立ち去ったあとから
私は物質を呼びかえしたい。
その酷烈な形象で
全地平を埋めつくしたい

工業化の徹底化の果てにおいて、精神が去る。私たちは、工業化がじつは人間の精神の作用には収まることのない圧倒的な力によって引き起こされるようになっていたという現実に直面する。そしてここでこそ、物質との出会いが起こり、私たちの生きているところが物質で埋め尽くされていくことになろうが、ここではいったい何が起きているのか。物質とは、どのような物質なのか。

それはまず、精神が去ったあとの裸形における人間生活の物質性である。工業地帯は、工場だけでなく、埋立て、道路の敷設、住宅の建設など、大量の事物の集積、建造とともに進行し、そこに人間も、つまりは大量の人口としての人間も移り住む。これは人間生活の領域の拡張であり、それゆえに自然環境の破壊とともに進展すると考えることもできる。だが、見方を変えるなら、工業化のもとで人間は、精神性という人間らしさのかけらを失いながら、自然という自分たちをとりまく世界のなかへとさらに深く入り込んでいくと考えることもできるのではないか。それはつまり、郷土なるものの言葉でイメージされる温和な自然とはまったく違う酷烈な自然と出会うことであるが、この酷烈さにおいて自然の物質性と出会っていくということである。

注

（1）藤田省三「新品文化」『精神史的考察』平凡社ライブラリー、二〇〇三年。
（2）瀬戸口明久「生命としての科学／機械としての科学――科学の意味をめぐる問い」『昭和後期の科学思想史』金森修編、勁草書房、二〇一六年、三〇三-三〇四頁。
（3）同書、三二七-三二八頁。
（4）小野十三郎『大阪』創元社、一九五三年、一六四-一六五頁。
（5）柄谷行人『内省と遡行』講談社学術文庫、一九八八年、三一五頁。
（6）坂部恵『かたり』ちくま学芸文庫、二〇〇八年、一二四頁。
（7）Morton, *Ecology without Nature*, 3.
（8）小野十三郎『大阪』、二〇三頁。
（9）酒井隆史『通天閣――新日本資本主義発達史』青土社、二〇一一年、三六頁。

(10) 寺島珠雄『断崖のある風景——小野十三郎ノート』プレイガイドジャーナル社、一九八〇年、二三二頁。
(11) 小野十三郎『大阪』、一六六 - 一六七頁。
(12) 鮎川信夫『近代詩から現代詩へ——明治、大正、昭和の詩人』詩の森文庫、二〇〇四年、一〇八 - 一〇九頁。
(13) 小野十三郎『奇妙な本棚——詩についての自伝的考察』第一書店、一九六四年。
(14) 酒井隆史『通天閣』、二二一頁。
(15) 科学は「ことに一九三〇年代以来の戦争体制の強化(そして戦後は経済成長政策)を契機として格段の発展をとげた。日本の産業の重化学工業化の基礎は戦争中におかれたと言われるのと同じ意味で、日本の科学のこんにちの展開の基礎は戦争によって培われたのである。科学の体制化という点では日本も欧米諸国もまったく変わりない。日本の科学もやはり、戦争に荷担してきたことを免責されないのである」(廣重徹『科学の社会史——近代日本の科学体制』中央公論社、一九七三年、一五頁)。
(16) 酒井隆史『通天閣』、三三三頁。
(17) 小野十三郎『大阪』、二〇〇頁。
(18) 小野十三郎『大阪』、二〇二頁。
(19) 瀬戸口はこの箇所を、坂本の機械への感触を踏まえつつ、次のように解釈する。「ここに描かれているのは、機械に組み込まれた「ガラス管」——これもまた「器」である——と化した植物の姿である」(瀬戸口「生命としての科学/機械としての科学」、三三四頁)。つまり植物のほうが機械になるということであるが、そこには、人間もまた機械に取り囲まれて直立している様子が投影されていると瀬戸口はいう。人間が機械とともに自らの生活圏を構築しているという瀬戸口の考えを踏まえた解釈といえるだろうが、これに対して本書は、人間が機械とともに構築してしまった生活圏がさらにそれをとりまく広大な世界と出会ってしまっていることの不気味さを考えようとしている。じつは瀬戸口も、この不気味さに触れたところで議論している。

(20) Timothy Morton, *Dark Ecology* (Columbia University Press, 2016), 9.

(21) 小野十三郎『詩論＋続詩論＋想像力』思潮社、二〇〇八年、四七頁。

(22) 同書、五〇頁。

(23) 同書、五一頁。

第六章　エコロジカルな共存

二〇世紀半ば以来、いわゆる思想の関心が、人間の共存に向けられてきたことは言うまでもない。共同幻想、共同主観性、間主観性、「あいだ」、相互主体性といった言葉は、人が個的存在として完結せず、自分とは異なる他なるものと共に生きていることをどう考えたらいいのかという考察とともに、長らく使われてきた。

本書も、これらの成果への尊重から書かれている。ただし、共に生きていることの条件が人の意識や主観性の領域に限定されるのではなく、人間をとりまく広い領域、つまりはエコロジカルな領域のなかでこそ、共存の条件は模索されてしかるべきだと考えている点で、これまでの思想とは若干異なるのかもしれない。

繰り返しになるが、本書は、メイヤスーが切り開き、モートンがそれを踏まえて展開させたエコロジカルな思想[1]、それもオブジェクト指向的なエコロジー思想の成果を取り入れつつ、考察を進めてきた。

モートンは述べている。「エコロジーには、私たちがいかにして一緒に生きるかを想像するための、ありとあらゆる方法が含まれている。エコロジーは、徹底して共存（coexistence）をめぐるものである。存在するということはつねに共存である」[2]。モートンのいうエコロジーは、一緒にいるということ、それも人間だけでなく、人間ならざるものをも含めた様々なものと一緒に共存することをめぐる思考であり、実践を意味している。

ただし、エコロジーという言葉が用いられるからといって、それは人間を超えたところに存在すると仮定される自然と一致して生活を営むことを意味しない。人間が自然と調和し、自然へと統合されつつ、一なるもののなかに包括されながら一緒になっていくことを意味しない。エコロジーという言葉に、何か自然なるものの意味合いがあるとしても、それは純粋無垢な自然といった観念ではなく、無理がない、緩やか、穏やかというような雰囲気にかかわるものである。

無理のなさは、硬直性、閉鎖性とは違うあり方で、共存の場が保たれていることで生じてくる。モートンは、エコロジカルな共存を考えるには「全体性」という概念を度外視できないと言いながらも、「全体性が閉ざされたものを、私たちに確信できるものを、同じままであり続けるものを意味するとしたら、私たちは全体性そのものよりも大きなものを考えることが必要になるだろう[3]」と述べている。つまり、閉ざされていて硬直していて同一なままの全体性とは異なる、広がりのある全体性のようなものを考えてみることが求められる。ちなみにモートンは、エコロジカルな共存を広がりのある全体性との関連で考えるというアイデアを、レヴィナスとイリガライの思想から得ていると述べているが[4]、広がりのある全体性の感触がいかなるものかは、哲学的な思考だけでなく、文学、音楽、芸術がつくりだし人に感じさせる作品と触れ合うなかで理解され感得されるようになるものであると、モートンは随所で述べている。

この主張が現在すぐにでも受入れられることはないだろう。現在は、同類の人間だけで自己完結して生きることが可能であるという通念のほうが優勢であり、自分たちとは異なる存在を排除することで形成される同一性に根ざす集団の再興の気運が高まっている。たとえこの通念とは無関係に世界は存在していることを突きつけるような出来事――たとえば原発事故――が起こり、この通念の根拠の脆さが薄々気づかれるようになっても、脆さはやりすごされ、なかったことにされ、この通念にもとづく世界像および人間像は変わることなく維持されてしまう。

ゆえにこの議論は、人間だけで自己完結して生きることが可能であるという通念がかならずしも絶対的に確実ではないと考えることと連動する。ただしそれは、人間だけで自己完結した世界を罪深い悪しきものと見なし、それが存在していることそのものに反対し、全的に否定しようと考えることとは異なっている。

1　自己完結的な世界の論理とその無理

現前の空間とそこからの消去

私たちが生きているのは、人間だけで自己完結した世界だけではない。人間をも含み込む、他の様々な存在者の連関する自然世界においても、私たちは生きている。にもかかわらず、人間は人間で自己完結した世界だけで生きているという考えのほうが、通念になっている。震災のように、この通念を突き崩す事態が発生しても、現状が回復するとこの通念もまた以前と同じく回復する。この通念は、人間の思考の前提を規定している何ものかとして存在している。ゆえにこの通念は、ただ現実に何かが起これば自ずと変わるというものではない。通念の基礎にある思考の前提が何であるかを問うことが求められる。人間だけで自己完結した世界で生きているという通念は、何を前提にするのか。モートンは、それは農耕社会の成立であると主張する。つまり、古代メソポタミアの肥沃な三日月地帯に始まり、封建制、資本主義、ソビエト経済に至るまで続いてきた、一つの生活様式である。狩猟採集民の移動式生活様式とは違い、農地という空間をつくり、人間が生きていくための作物を植えて収穫することのできる状態を安定的に保持することを基礎とする定住的な生活様式である。この生活様式の前提には、いかなる思考様式があるのか。モートンは次のように述べている。

私はその農地に何かを植えることができる。大麦とか、小麦とかだ。そして牛を飼うこともできるし、農地は休閑中のままであることも可能だ。そうしたことの水面下では、農地は同じ農地であり、私の農地である。そこに何が起ころうと、それはつねに現前したままの状態にある。恒なる現前という思想は、絶対的な功利主義と合致していて、それに従って私は、私のような生き物がより多く存在し、より長いこと存在することがほかの何よりもまして好ましいと判断する。(5)

モートンの述べていることから、次の見解を導き出すことができる。

・農地は、特定の人間ないしは人間集団に限定された領域として存在する。そこでは、現在において、特定の「私」ないしは「私たち」として現前しているものだけが存在すると考えられている。「私」ないしは「私たち」以外のもの、過去から存在するもの、未来において存在するもの、人間ならざるものの現れる余地は、ないことにされている。

・「私」ないしは「私たち」のすることだけが、そこでは現前可能である。それ以外のことが現実には起こっていても、存在しないこと、起こらなかったことにされてしまう。

・「私」ないしは「私たち」のすることだけが現前可能とされている限定された空間は、不変なままで保持されていく。この状態に変更を加えようとするものは、巧妙に除去されていく。

モートンが問題にするのは、「私」ないしは「私たち」だけが現前可能なところとして境界確定され、停止している空間が成立していることである。この発端は農地であるが、近代型の都市を構成するのも、住宅地、工場地帯、遊園地、ショッピングモールのように、囲い込まれて停止した空間であると考えることは可能である。[6] この空間の成立は、「私」「私たち」「私たちのような人間」というように、限定された集団の同一性の形成と連動している。それは、「私」「私たち」という限定された集団が一定の範囲の空間を占有する、ということでもある。

「私」「私たち」「私たちのような人間」が、安定的に現前し、安楽に生きていることができている状態は、この現前の空間においては、「私ならざるもの」「私たちならざるもの」「私たちのような人間ならざるもの」の存在の余地の消去をともなう。さらに言うと、この現前の空間は、現在において固定化されているために、過去と未来の余地もまたそこにおいては消されている。それでも、この現前の空間において現れる余地が奪われた者ないしは物たちは、この現前の空間とは相関しない状態において現実に存在している。つまり、現前することのないものとして存在している。にもかかわらず、現前の空間の論理にとらわれている人たちは、現前することのないものはそもそも存在しないと考えている。

モートンは、ここに問題があると考える。問題なのは、「私」「私たち」「私たちのような人間」だけで自分たちが自己完結して生きていると考えること、さらにこの思考と相関する空間が形成されてしまっていることであるが、それでも、この空間内部とは相関せず、そこにおいては現れてこないというあり方で存在するものがじつはある。ここで起きている無視、消去、切り離しに、何か無理があるのではないかとモートンは問う。

人間ならざるものの諸力との接触

人間が外とのかかわりのなかで、人間的ではないものと関係することで構成されていると考える試み自体は、今に始まるものではない。モートンは、デリダの読解をおこないつつ、デリダにおいて潜在しているものを引き出そうとしながら自分の議論を展開させている。

これと同様のことを、デリダと同時代の哲学者であるジル・ドゥルーズについても行うことができるのではないか。ドゥルーズの『フーコー』（一九八三年）における次の一節も、人間の自己完結性の幻想を問い直すものとして、読み解くことができる。

人間が特異な構成物として現われるためには、その様々な構成力が、表象の力をのがれ、表象の力を解体する新しい力と結びつかなくてはならない。この新しい力とは、生命、労働、言語の力である。生命は「組織」を、労働は「生産」を、言語は「系譜」を発見し、それらは新しい力を表象の外におくからである。このような有限性の不可解な力は、最初は人間的なものではない。しかしそれらは人間の力と関係し、人間に固有の有限性に人間を下降させ、人間が後で自分のものにする歴史を人間に伝えるのである。(7)

表象の力を逃れ、その破れ目から見えてくる深層のうごめきに着目するというのは、一九六八年の著書である『差異と反復』以来、ドゥルーズの思考において一貫している。『差異と反復』では、表象を逃れるものが、「非人称的な個体化と前個体的な特異性」や「出会いと共鳴が作られていく世界」といった言葉で示されているのに対し、一五年後に書かれた『フーコー』では、同じく表象を逃れるものが「人間的ではない」力であると述べられている。

ドゥルーズは、人間が諸々の力で構成されていると主張する。一九世紀には、生命、労働、言語といったものが発見されるが、二〇世紀には、情報の力、機械の力というように、人間ならざるものの力の範囲は拡張されていくことになる。「人間の力はすでに他の力と、例えば情報の力と関係しており、これは人間の力とともに人間以外のものを構成し、第三種の機械とともに、「人間‐機械」という分割不可能なシステムを構成している」[8]。これらの諸力と結合するなかで人間は構成されていくというのがドゥルーズの主張だが、ドゥルーズの思考が重要なのは、諸々の力が表象の力へと結びつけられている状態からそれらを解放しようとするものだからである。

諸々の力が表象の力へと結びつけられるとき、そこでは、「無限にまで上昇可能なもの」が取り出される。そのとき「力の総体は、人間ではなく神を構成し、人間は無限の様々な秩序のあいだにしか現れることができない[9]」。つまり、表象の力のもとにおいては、諸々の力は、人間と直接に出会い連関するのではなく、神をはじめとする無限の秩序を構成する部分であると考えられている。そして人間は、無限の秩序のなかにおいて存在するというだけでなく、この秩序を構成し、安定的に維持するものと考えられている。さらにドゥルーズは、メルロ＝ポンティの議論を参照しつつ、この思考においては無限が有限に先行すると考えられていることを指摘する。無限が有限に先行するとはつまり、無限なものが絶対的なものとして想定されるということであり、無限なものへと有限なものが従属するということであり、だからこそ、そこで諸々の力は、ただそのものとして、有限的なものとして捉えられることなく、「無限にまで上昇可能なもの」、つまりは無限なものが突きつけてくる要請に徹底的に従おうとするものと見なされている。

無限の秩序としての表象へと人間的な諸力が従属している状態に対し、ドゥルーズは、まずは人間的な諸力が表象の外において潜在的に生じている他の諸力との関係に入ることが大切であると主張する。外の諸力との関係に入ることで、人間的な諸力は無限の表象への従属状態から「のがれ」、隷属状態を「解体する」ことができるようになるという見通しを、ドゥルーズは提示する。ドゥルーズは、表象を逃れる諸力を、「有限性の不可解な力」と言い現す。不可解の原語は obscure なので、不明瞭とも曖昧とも訳すことのできる言葉であると言えるだろうが、この不可解で不明瞭な力が、人間を構成する。それは、人間ならざるものでありながらも、人間の諸力と関係し、人間を無限の秩序への従属状態から解放し、人間に固有の有限性へと下降させていく。

人間ならざる諸力が、人間を有限性へと下降させる。表象から解放され、不可解で不明瞭な状態にある力が、人間と出会い、接触し、関わっていくなかで、人間を無限という表象から解放する。無限から解放された人間は、自らの有限性へと引き下ろされる。無限からの解放は、「無限にまで上昇可能なもの」として自らを描き出すのをやめ、素直に自らの有限性を認めることを意味するが、ドゥルーズが独自なのは、有限性の自覚が、人間ならざる諸力との接触により生じると考えているからである。

人間の有限性

人間は、人間ならざる諸力と接触することで、有限性へと下降していく。ドゥルーズが提示した見解は、近年、温暖化をはじめとする人類史的な出来事ともいうべき惑星規模の変動をめぐる歴史や思想の議論において、中心的な問題として論じられるようになっている[10]。

チャクラバルティの「歴史の気候――四つのテーゼ」が、その代表である[11]。そこでチャクラバルティは、アラン・ワイズマンの『人類が消えた世界』に言及する。

最悪の事態が起こったと仮定するのだ。人類の絶滅が既成事実だとしてみよう……私たち全員が突如として消えてしまった世界を想像してみるのだ……かすかながらも永遠に残る痕跡を、私たちがこの宇宙に残すことはあるだろうか……私たちのいない世界が、生物学的に見て大きな安堵のため息をつくどころか、私たちの不在を寂しがるなどということはあるのだろうか。[12]

チャクラバルティは、ワイズマンのこの見解について、現在が未来を過去から切り離し、それを歴史的な感性の及ぶことのないところへと置いてしまう感覚を伝えるものであると言う。それは、未来が過去と連関しなくなり、現在の私たちには理解することも想像することもできないものになってしまうということだが、ワイズマンのSF的ともいえる思考実験が提示するのはつまるところ、「人間の有限性を不安に思い懸念する、最近の風潮」であると主張する。[13]チャクラバルティは、地球温暖化という、人間ならざるものの領域にかかわる事態を、人間の有限性への問いを促すものと考える。つまり、「世界を経験する私たちの能力を逃れてしまう」ものがある、ということである。[14]

チャクラバルティは述べる。「惑星の温暖化が脅かしているのは、地質的な惑星そのものではなく、完新世の時期に発展した、人間生活の生存が依拠することになる条件そのもの――生物学的であり、地質学的でもある――である」[15]。ここで注意したいのは、人間が引き起こすものとされている地質学的な変動が、人間をも含めた様々なものが住みつき共存する場としての惑星に関わる事態というだけでなく、完新世の成立とともに形成されてきた、農耕的＝定住的な生活様式から産業革命以後にまで至る人間的な生活様式の条件にかかわるものとして捉えられているということである。定住的な生活様式に基盤をおく農業と工業的な生産様式が引き起こす惑星規模の変動が、人間生活の生存の条件を掘り崩す、というように。

チャクラバルティも、人間ならざる他の生物種との共存の問題を論じている。それは、人間が人間ならざるものの絶滅の要因になっているという問題である。それでも彼の議論では、現在の人間生活の生存条件の問題が中心に置かれている。他の生物種をも絶滅させうるほどにまで深刻化した温暖化が、いずれ人間をも脅かすことになることを問題化する議論である。

気候変動の危機は、資本主義的な産業化が創出し促進してきた、大量のエネルギーを消費する社会のモデルの必然的な帰結なのは確かである。だが、現在の危機は、人間という形態で生が存在するための諸々の条件を明らかにしている。すなわち、資本主義的なアイデンティティ、ナショナリスト的なアイデンティティ、社会主義的なアイデンティティの論理とは内的に結びつくことのない諸条件を明らかにしている。それらはむしろ、この惑星における生の歴史、他の生命の形式が互いに結びつくやり方、一つの種の大量絶滅が他の種に及ぼす危機と連関している[16]。

チャクラバルティは、人間が農業と工業の生活様式を形成することで、惑星のあり方に影響を及ぼす存在になったということを認めようとはしている。地質学的な行為体（geo-logical agent）としての人間である。

ドゥルーズであれば、地質学的な行為体としての人間は、資本主義や社会主義、ナショナリズムといった表象の力を逃れた人間ならざるものの諸力へと開かれ、諸力との出会い、連関のなかで、構成されていくものと考えるだろう。

だが、チャクラバルティの議論では、人間は人間ならざる種とのかかわりにおいて、人間ならざる種の存在を脅かすものとして捉えられている。

ゆえに、人間の有限性の意味も、ドゥルーズとチャクラバルティでは異なっている。ドゥルーズは、他の存在とのかかわりのなかにあり、そこへ開かれていくなかで自覚されるものとして有限性を考えているのに対し、チャクラバルティは、人間がみずから形成し発展させた生活様式そのものの維持存続の困難ないしは限界という意味で有限性を考えている。

2　共存空間とは何か

混沌空間の発生

人間を、人間ならざるものとの連関のなかで、それらと共存しているものとして考え直していくことが求められている。人間主体を考えることの前提として常にある思考設定の更新である。

二〇一七年二月一二日に京都大学でおこなわれた「環境史研究会」で瀬戸口明久が行った報告「ヒトの時間、人間の時間」は、この思考設定の更新に関わるものであった。報告内容を本稿の関心から振り返るならば次のようになる。瀬戸口はまず、環境史研究には二つのアプローチがあると述べる。「一つは自然の歴史を対象とし、人間もその一部とみなすアプローチ、もう一つは自然に対する人間の態度や活動を対象とするアプローチである」。そのうえで瀬戸口は、人新世という概念を、これら二つのアプローチの「境界を掻き乱す概念」と捉えていく。「人間が地球を破壊しているという図式」へのとらわれからの思考の解放を促し、「むしろヒトは動的に変化する地球システムの一部である」と考えることを可能にする概念として受けとめていく。

じつは瀬戸口の思考は、「歴史の気候」で示されたチャクラバルティの思考とは異なっている。

チャクラバルティも、人間が地球システムの一部であるということを認めている。地質学的なエージェントとして、地球システムの一部になっていることを認めている。それでもチャクラバルティの場合、人間は地球を能動的に改変し、破壊していくエージェントと位置づけられている。しかも、破壊の帰結の一つとしての地球温暖化を人間の生存維持を困難にするものと考える点では、結局はまずは人間を、それも他へと開かれることのない人間を重視する議論になっている。チャクラバルティが、気候変動とのかかわりのなかで人間の集団性の問題を論じるときにも、それもつまるところ、個々の人間の生産や消費といった経済活動を原因とする「意図せざる帰結」としての温暖化が、人間世界を破局へと至らせるのを阻止することが求められるという姿勢からのものである。これもまた、瀬戸口のいう「人間の態度や活動を対象とするアプローチ」の一つといえる。

瀬戸口が人間を「自然現象の一つとしてのヒト」と考えることの基底にあるのは、「人間にとっての意味を越えた自然の物質性、絶対的な時間は厳然として存在する」という見解である。この見解は、次のように述べ直すことができる。まず、自然の物質性が人間にとっての意味を越えているとはつまり、人間にはコントロールもできないし認識もできないものとして自然の物質性がある、ということである。

さらに、「人間を地球システムの一部と見なす」という文章についても、この見解との関連で読むことが求められる。というのも、ともすればこの文章は、「人間と自然は隙間なく一致しうる」ことを述べたものと解釈され、「人間が自然から分離され、疎外されている状態」からの回復を望ましい解決として提唱するものと読まれてしまうからである。ゆえに、瀬戸口の認識の独自性を把握するには、彼は人間と自然の一致ではなく、その分離を、それも自然には人間による意味付けを拒む他性があると考えていることを理解しておくことが求められる。要するに、自然が人間の能力を越えていることを素直に認めてしまうことが求められている、ということである。

ところで、報告において瀬戸口は、この認識が二〇一一年三月一一日以後の原発事故をめぐる情勢を経て明確になったと述べている。彼は、原発事故が突きつけたのは科学技術システムの制御不能の問題であると主張する。この問題は通常、技術の失敗と捉えられてきた[17]。

これに対して瀬戸口は、人間を自然の一部と考える設定で事故をみることを提案する。「人工物と自然の運動、巻き込まれる人間」。事故においては、人工物と自然の境界が破れ、両者が混在する、混沌とした空間が開かれる。そして人間は、この混沌とした空間のなかに巻き込まれている。人工物の側に、つまりは自然を制御する側にいたはずの人間は、人間だけで自己完結していた空間の外に出てしまう。しかもそこは、いわゆる自然そのものではない。人工と自然を隔てた境界の破れ目において噴出する混沌空間である。

事故とともに現勢化した混沌空間は、人間が人間ならざるものと共存するとはどのようなことかを考える、きっかけの一つであった。そこに巻き込まれてしまうときの人間は、人間だけで自己完結した生活空間とは違う空間に出てしまっている。モートンが述べているように、「人間の社会空間、心的空間、哲学的な空間において、人間ならざるもの(nonhuman)が明白に現れている」ことを、そこで経験していると言うこともできるかもしれない。つまり、人間ならざるものが人間の生活空間の境界を越境して現れてしまう、ということである。

拡散における連関

本書が提唱しようとする共存空間は、人間の生活空間が「私」や「私たち」のためのものとして安定的に確定されている状態そのものの限界を突き破るところに現れうる空間として構想されている。

共存空間とは何か。ドゥルーズとガタリの『千のプラトー』では、定住型の生活空間形成とそれに対応する思考の成立に先立つものとして存在したというだけでなく、定住型の成立後も人間存在の潜在的な水準においては消えることなく残存するノマド、つまりは遊牧民的な生活空間形成とそこにともなう思考が論じられている。

遊牧民的な生活空間においてはまず、「すべての地点は中継点であり、中継点としてしか存在しない。行程は常に二つの地点のあいだにあるが、遊牧民においては〈二点間〉それ自体が存立性を獲得した結果、自立性と独自性をそなえるにいたっている[18]」。「私たち」のためのものとして確定された定住型の空間は、それとは異なる空間とは別のものとして存在している。これに対し、遊牧民的な空間は、「私たちのためのもの」として確定されることに先立つところ、つまりは一つの空間領域へと囲い込まれることに先立ち散在している状態にあるそれぞれに異なる諸々の点の「あいだ」において存在する。

そして、遊牧民的な思考と実践において、空間は、開かれていて無限定的なものとして存在する。定住的な思考と相関するところにおける空間実践は「人間たちに閉ざされた空間を配分し、各人にそれぞれの持ち分として部分的空間を指定し、かつそれらの部分間の交通を規制するというもの」だが、遊牧民においては「人間たち（あるいは獣たち）を開かれた空間に配分するのであり、開かれた空間は無限定であり、部分間の交通も存在しない」[19]。「私」「私たち」「私たちのような人間たち」のために限定され配分されていくこととは無関係に、遊牧民たちは、みずからの生活空間を、限定され得ないものとして、さらにいうと、人間だけでなく人間ならざる多くの獣たちを包み込む広大無辺の空なるものとして、人間および人間ならざるものの配分が起きてしまうところとして観じている。

ジョン・プロテヴィは、ここに示されているドゥルーズとガタリの思想の含意を、次のように述べている。「彼らは、なかなか消えることのないヒューマニスト的な幻想から私たちを解放し、人間事（human affairs）を直接に自然へと、創造的な「地球」の一部へと入れ込んでいく[20]」。開かれた空間のなかで人間も配分されていくことは、それが人間ならざるものと一緒になって配分されていくことであり、しかもこの配分において、様々なものと連関していく。この配分、連関は、「私」「私たち」「私たちのような人間」で限定された空間のなかでの配分および連関とは異なっている。それは「一」なるものへと凝集され、階層序列的に統合されていくことと相関的な連関ではなく、凝縮も統合も欠いた、拡散における連関である。

拡散における連関は、「私」「私たち」「私たちのような人間」の範囲をただ広げ、私ならざるものを併合し包摂しながら多様なものと連関するということではない。そこでは、「私」なるものの同一性の解体もまた、求められることになる。

かけらと共にいるということ

拡散における連関のイメージは、「私」ないしは「私たち」に関係するもの以外の現前の余地を無にする空間においては消され、ないことにされてしまう存在の側に立つものとして提示されるべきものである。消される側に立つ点で、おそらくはこの思考は、死に近いこと、さらにいうならトラウマ的な経験と密接なかかわりを有する。モートンは、フロイトの「自我とエス」の議論を参照しつつ、次のように述べている。

メランコリーは、何らかの類の別の実体の足跡であるが、それとの近さはトラウマとして経験された。フロイト的な死の欲動の論理は、有機体のなかにある周期的な過程が外的刺激を取り入れそして平衡を保とうとする、というものである。フロイトは、自我そのものは、「捨てられた対象への心的エネルギーの備給」の記録以外の何ものでもないと論じている。自我とは、感覚される対象である。メランコリーはその定義上、共存を含意しているが、そのことゆえにエコロジカルな思考にとって重要である。というのもエコロジーは、可能な限りで広くそして深いところまで思考された共存にかかわるものだからである。(21)

「私」や「私たち」の現前する空間において現れることができなくなっているものは、この空間が形成され、成立していくことにともない、消され、捨てられていった。消され、捨てられていったものたちを切り捨てたことで、これらの空間はじつは知らずしてトラウマに苛まれている。(22)モートンがここで言おうとするのは、トラウマ的な状態そのものもまた切り捨てられ、ないことにされ、人間の生活空間が何に苛まれることもなく円滑に作動できてしまっている状態こそが問題だ、ということである。

災厄の後、回復された日常の表面上の摩擦のなさに慣れていくとき、人はおそらくは、この捨てられたもの、消されたもの、死者たち、壊された家、心身において壊された人びと、別れてしまった人たちのことを、忘れてしまう。忘れてしまったことをも忘れている。フロイトに言及しつつ、捨てられたものの集積こそが自我を形成するとモートンは述べるが、そこで言われているのは、この捨てられたものの存在を忘れず、共にいようとすることの大切さであり、その困難である。

チャクラバルティは述べている。

たとえば地震のような地球規模の現象は、たしかに時折私たちの物語のなかへと滲出するが、ほとんどの場合それらは、私たちの行為のための背景を提供するものであった。だが、私たち自身の生涯においては、背景はもはやただの背景ではないことを自覚するようになった。すなわち、私たちはその一部である。(23)

健康的で文化的な人間生活の領域のなかに身をおくことができているとき、人はこの領域が何かに支えられていることを、意識することはない。何かを背景とすることで自分の生活領域が存立していることを、意識することはない。経済的・文化的な近代化とともに形成された生活領域を、それだけで自足して成り立つものとイメージする思考と感性の習慣が揺らぐことなく保たれているかぎり、そこで人は、この領域をも一部として含み込む広がりのある世界のことを考えることもせず、そこへと思いを馳せることもせず、普通に生きていることができる。

それでも、何らかの事情で安定的な生活領域の脆さに気づいてしまった人は、安定的な生活領域の狭さ、さらにいうと、この領域をとりまく世界の広さと果てしのなさを、感じ、考えてしまう。

川内倫子が震災後の場所に静けさを感じてしまったのは、日常世界を成り立たせていた境界が壊れてしまって、そこから入り込んできてしまった背景なるものに触れてしまったからである。川内は、「ただかつて機能していた人の営みのかけらが地面に積み重なっていて、空がとても広く感じました」と述べている。安定的な生活領域の部分となって円滑に機能できていた諸物が、地震と津波で生活領域そのものが震れ壊れたとき、ただのかけらになる。

諸物は、経済的・文化的な近代化のもとで形成された生活領域においては、役に立たず、その点ではゴミであり、瓦礫であり、廃棄物と意味付与することもできるのだが、川内はただ「かけら」といい、しかもこのかけらの集積のなかで、静けさとともに自分もまた存在していることを実感できていると述べている。「自分が風に飛ばされてしまいそうなほどに小さな存在だと思えてきましたが、しかし確かに肉体を持っていまここに立っているという実感もありました」。自分という人間が小さな存在であるとは、周囲にあるかけらとともにそこにいること、それも、自分をも一部とする広がりのある領域において、かけらとともにいるということの自覚から得られる自己像である。

そしてこの自覚において、自らをとりまく世界は静かなものとして感じられると川内はいい、さらに静けさは、恐怖をともなうものでもあるという。恐怖とは何だろうか。川内の写真には、壊れたあと、事物のかけらが散乱する様子が映し出されている。これらのかけらは、除去されることも、廃棄されることもなく、ただ散乱している。そこには、かつて保たれていた家、町並み、道路、さらには日常生活が、一瞬にして壊れてしまうその移行の瞬間が、かろうじてとどめられている。

ゆえに彼女の写真は、生活領域が確かに保たれていた状態が壊れてしまった状態へと移行してしまうまさにその境目、つまりは境界とはいったい何だろうかということを、考えさせる。写真が捉えた状況は、壊れる前と壊れた後のあいだに引かれた境界上にあるといえるだろう。ここには、壊れる前の世界と壊れた後の世界が完全に分かたれておらず、事物がかけらとして散乱するなか、静けさが漂い、そこにいる人において恐怖を生じさせてしまう状況がある。

だが、近代的な文化生活の論理に忠実な感性と思考の持ち主は、壊れた後の世界に恐怖を感じることなどなく、かけらなどはただの廃棄物であって、撤去し元通りに修復し、文化的な生活空間を立て直すことこそが正しいと考えるだろう。川内が感じた静けさと恐怖など、なかったことにされてしまう。

光と闇の境界

川内が感じた静けさと恐怖は、壊れる前と壊れた後を分かつ境目、境界的な領域において生じている。境界的な領域をどのようなものとして考えたらいいのか。

トリン・T・ミンハは、アジアとアフリカの生活経験について述べたアマドゥ・ハンパテ・バーの言葉を引用しつつ、次のように述べる。境界的な領域は、「半-暗闇の国（the country of semi-darkness）」である。「この国は、目に見えるものの種の全てが生きている「光の国」と、死者の魂、さらには人間と動物と植物の世界から産まれてこようとしている者たちの魂が見出されることになる「深い夜の国」のあいだにある中間的なものとして存在している」[24]。

近代的な生活様式に慣れている人たちは、光の国のなかだけで生きていると思い込んでいる。この思い込みと相関するのが、光の国の外側に別の世界があるなどと考えるのは非科学的で迷信的であるという想念だが、トリンが述べているように、ここには日常的なものと超常的なもの（supernatural）を明確に分かつ境界が成立している。見慣れたもの、親しいもの、そのことゆえに快適なもので囲まれた日常的な生活領域と、それを脅かす禍々しいもの、悪魔的な領域が、明確に区別されてしまっている。これに対し、半－暗闇としての境界的な領域は、光の国と夜の国とを往還する移行において存在する。光の国から追いやられるか、もしくは、光の国が壊れ、そこに居場所を持つことができなくなっても、それでもなお、生きていかねばならないとき、人はおそらく、夜の国としかいいようのないものが存在するということに気づく。

死者の魂、産まれてくるものの魂、それも、人間だけでなく、動物や植物から産まれてくるものの魂があると考えないと説明のつかない領域が存在し、しかもこの領域のなかに包み込まれるようにして、その一部として、健康で文化的な生活の成り立つ光の国が存在する。ただし人は、夜の国のなかで無媒介的に生きていくことはできない。夜の国の広がりのなかに、光の国をつくりだすことで、人は生きていくことができる。光の国の完成の後、ともすれば人は次第にこの国がそれだけで自足して存在しうると思いこむようになってしまうが、そうならないためには、光の国は夜の国とのあいだに位置する半暗闇の境界的な領域と接し、触れているなかで存在すると考え続けていることが大切である。

川内の述べていることを踏まえて言うなら、静寂は、かならずしも、音がないことを意味しない。それは雑念のような余計な思想、想念や、バブル建築のような余計な装飾、仕掛けの虚飾が剝がれ落ちていくところに見出されてくるものである。静寂は、完全なる無音、完全なる空白、白紙とは異なる。そして静寂は、おのずと生じない。余計なもののざわめきを取り除き、心身を空にしようとすることで感じられるようになる。

静寂は、いかなるときに、いかなるところに生じてくるか。震災という出来事において、人間がつくりだしてきた世界を自然世界から距て区別する境界が崩れるとき、そのあいだに境目的な領域が生じてくる。そこで、自然世界が入り込んできたあと状況が落ち着いてくるとき、静寂が川内の身体において経験される。つまり、境界が崩れた直後の混沌そのものではなく、混沌が去り、混沌の残骸のようにして瓦礫が散らばるなか、それでもとりあえず歩いて写真を撮ることができる程度には人間でも生きていける世界が現れつつあるところに、静寂が生じている。

一度人間世界を飲み込んだ自然がそこから撤退していくところにまたも現れてくる世界に、静寂が生じている。自然が暴威をふるうのをやめた後、それでも残る暴威の傷跡のようなものに満たされた世界に静寂が生じている。それは人間世界に刻みつけられた傷であるが、そのときまで客体化され支配の対象とみなされてきた自然がその主体性を回復したことの証でもある。つまり、人間と自然のあいだにあった、支配－被支配、切り離し－放擲の関係性の存続が打破され、崩されたことの証である。

静寂に身をおくことで、あるいは、静寂を心のなかに抱くことで、みえてくることがある。それは、私たちが二つの世界で生きているということである。すなわち、人間がつくりだす世界と、人間の世界をとりかこむ自然の世界、エコロジカルな世界である。そして、前者の世界はとても脆い。その脆さは、震災やハリケーンのような自然世界で生じた出来事に巻き込まれるときに顕在化する。人間はそこで、打ちひしがれる。それはただ自分たちがつくりだした世界だけでなく、自分たちの思考、そして言葉が、自分たちの生きてきた世界においていかに無力で、空無なものであったかを思い知らされる瞬間でもある。

切り離されず、それでも区別される

二つの世界といっても、内と外というように、明確な境界で区別されているのではない。自然の世界、エコロジカルな世界は、人間の世界の外に、それとは無関係なものとしてあるのではない。人間の世界は、エコロジカルな世界の一部となって含みこまれつつ、エコロジカルな世界の上に積み重なるようにして成り立っている。

坂部恵は、人間の文化は自然に対立するという規定の仕方を、近代科学的な自然の客体化、自然支配の考えに影響されたものと述べ、それに代わるものとして、文化と自然を「自然に根ざしつつ自然を超えるという二重の関係」にあるものとして考えることを提唱している[25]。本書も、人間世界と自然世界を対立させることを批判的に考えるものであり、そのかぎりでは坂部と立場を同じくする。

ただし本書で考えてきたのは、人間世界の自己完結性の表象のもと、自然を客体化し支配しているということへの自覚が失われ自然なるものが存在しないとすら考えられていく一方で、人間世界が自然に深くコミットし、自然のあり方に影響を及ぼしているかぎりでは、「自然に根ざし自然を超える」ということが、坂部が考えようとしたのとは別のあり方で実現化しつつあるのではないか、ということであった。人間は、地質学的エージェントになることで自然に根ざし、自然から切り離され、自己完結的になることで、自然を越えていく。

坂部が言おうとしていることを現代的に言い直してみたい。それは、「人間世界は自然から完全に切り離されることはないが、それでも自然と区別されているという関係にある」というものである。

トリンは、日本の建築家である黒川紀章の、「東京、そしてすべての伝統的な日本の街の街路は、黄昏時のグレーな光において格別の美しさを帯びる」という見解に着目する。「スレート色の瓦と白の漆喰の壁が灰色へと融解し、距離と大きさのすべての感覚が平坦になるのにともない、様々な遠近感が溶解していく」。ここに「グレーの空間」があると黒川は言うのだが、トリンの解釈では、それは様々な色の出会いと混淆が起こる空間ということを意味しない。そこは「内と外のあいだの境目の領域、内と外が互いに没入していく領域」である。そうであるならば、黒川は、黄昏時という、光の世界が闇の世界へと転じていく瞬間において、グレーの空間が現れるのを感じていたということになろう。

そこは、一つの世界が終わり、別の世界が始まるところである。終わりと始まりの境目である。そして黒川は、終りと始まりの境目を完全なる無とは考えず、「時間におけるグレーゾーン」として考えるのだが、そこで参照されるのが、世阿弥のいう「せぬひま」の概念である。「する」のではなくて「せぬ」、つまりは「する」ということをやめて「しない」ところにおいて生じる「隙」といったらいいだろう。

「する」と「しない」の違いは何か。それは、停止することなく続いていたことが、さらに続くのをやめることである。

ベンヤミンの読者であれば、それは停止であり、連続性の打破だと考えるかもしれない。つまり、停止するのは人類の無限の進歩であるという考えを、ここで想起するかもしれない。「歴史が均質で空虚な時間をたどって連続的に進行するという観念(26)」とともに進行するとされる人類の進歩の停止である、というように。

黒川のいうグレーの空間、せぬひまの空間は、停止の起こる空間ともいえるし、停止において生じる空間ともいえる。そしてそれは、一つの空間世界が終わろうとするところ、つまりはさらに続いていくのをやめるところに生じる空間である。

だが、ベンヤミンが停止を、空虚な連続性を打破する唯一無二の現在時のような瞬間、空虚ではなくて充満している瞬間として概念化するのに対し、黒川は停止の空間を、充満というよりはむしろ空として、つまりは連続していた一つの空間世界が続けるのをやめたところでまた別の空間世界と出会いつつ、それでもそこが充満されず空になっているところとして考えていく。つまりそれは、「黒でもなければ白でもなく、あいだ（in-between）のどこかにあるもの、諸々の可能性が限界づけられることのない「中間（middle）」のどこかにあるもの」であるとトリンは解釈していく。

人間世界がその自己完結性を緩め、エコロジカルな世界と出会っていくのは、まさにこのあいだ、中間的なところである。人間的な世界が円滑な作動をやめ、拡張をやめるとき、そこに生じるのは、人がみずからの存在のたしかさを、つまりは自然世界でさまざまなものと連関していることゆえに得られるたしかさを知ることを可能にする、静寂、せぬひまの空間である。そして、そこは人間の世界が自然の世界と接し、出会っていくところであって、だからこそ、自然そのものに飲み込まれ、自然と一体化していくところとは異なっている。自然とも区別されつつ、それでいて人間的な世界の自己完結性をはみ出てしまっているところとして、考えることができるだろう。

注

（1）私とのなかでモートンは、二〇〇七年の『自然なきエコロジー』は、メイヤスーやハーマンのことを知らないで書いたと話してくれた。実際、この著書では、デリダやラカン、アガンベンやナンシーのような、ハイデッガーの影響下にある哲学・思想の成果が参照されているので、モートンの関心は、人間とは無関係なものとして世界を考えることよりはむしろ、共存の問題に向けられていたといえるだろう。

（2）Morton, *The Ecological Thought*, 4.

（3）Ibid., 5.

（4）Ibid., 144.

（5）ティモシー・モートン「涙にくれ、異国の畠中に立ちつくした」『現代思想』四三巻一三号、小川緑、篠原雅武訳、二〇一五年、一四六頁。

（6）『ダーク・エコロジー』では、郊外型のスプロールも、農地に始まる空間論の発展であると述べられている。Timothy Morton, *Dark Ecology*, 156. モートンの主張の背景には、農村と都市の対立といった図式ではなく、農村を成立させた論理がそのまま都市にまで貫徹されているという図式がある。この図式から言うと、反都市が農村回帰に転じるといった思考は、同一の論理の内部にあるということになろう。

（7）ジル・ドゥルーズ『フーコー』宇野邦一訳、河出文庫、二〇〇七年、一六三－一六四頁。

（8）同書、一六四頁。

（9）同書、一六三頁。

（10）たとえばクレア・コールブルックの議論など。Claire Colebrook, *Death of the PostHuman: Essays on Extinction, Vol. 1* (Open Humanities Press, 2014).

（11）Dipesh Chakrabarty, "The Climate of History: Four Theses," 197–222.

（12）アラン・ワイズマン『人類が消えた世界』鬼澤忍訳、ハヤカワ・ノンフィクション文庫、二〇〇九年、二四－二七頁。

（13）Chakrabarty, “The Climate of History: Four Theses,” 197.

（14）Ibid., 222.

（15）Ibid., 213.

（16）Ibid., 217.

（17）瀬戸口明久「境界と監視のテクノロジー」、四三－五七頁。

（18）ジル・ドゥルーズ、フェリックス・ガタリ『千のプラトー』宇野邦一他訳、河出書房新社、一九九四年、四三六頁。

（19）同書、四三六－四三七頁。

（20）John Protevi, The Geophilosophies of Deleuze and Guattari, SEDAAG 2001 (http://www.protevi.com/john/SEDAAG.pdf)

（21）Timothy Morton, *Realist Magic*, 159.

（22）テジュ・コールの『オープンシティ』では、フロイトの「自我とエス」の議論における喪の作業について、次のように論じられている。すなわち、通常の喪において、人は死者のことを内面化する。死者が生者へと同化されていくことだが、それがうまくいかないとき、死者は生き延びた人の一部を占めるだけになる。そのことで死者は、生者に取り憑く。二〇〇一年のニューヨークへのテロ攻撃で起こったのもそういうことだった。多くの英雄的な言葉が優勢になり、大統領の言葉も勇ましくなり、現状を回復しようとする決定がくだされていった。だがそこでは喪の作業が完遂されず、都市は不安にさいなまれることになった。Teju Cole, *Open City* (Random House, 2011), 208-209.

(23) Chakrabarty, "The Human Condition in the Anthropocene," 179.

(24) Trinh T. Minh-ha, *Elsewhere, within here*, 63.

(25) 坂部恵『ペルソナの詩学』岩波書店、一九八九年、四〇頁。坂部の思考は、人間社会での行動が「効用とみせかけ」の観点から評価され、「ふるまい」としてみたとき空虚で形だけのものに堕していくという時代診断にもとづく。空虚になったふるまいの回復のためにも自然にあらためて根ざすことが大切であるという考えがそこから導き出される。本書での思考は、ふるまいの空虚化は依然として続いているが、人間世界のあり方が自然との関係のなかで根底的に変わろうとしているなか、空虚化を今後も続けることの無理への自覚も高まりつつあるという感覚にもとづく。

(26) ヴァルター・ベンヤミン「歴史の概念について」『ベンヤミン・コレクション1　近代の意味』浅井健二郎編、久保哲司訳、ちくま学芸文庫、一九九五年、六五九頁。

終章

1

人新世とは、人間の歴史と地質学的な時間の交錯以後の、地球の歴史の時期区分である。重要なのは、二酸化炭素の増加、肥料生産のための人工窒素の増加、プラスチックやアルミニウムのような物質の増加、ダム建設による自然な水系の変化、埋め立てによる海岸線の変化といった事実を根拠に、「前例のない速度でグローバルな環境が人間によって作り変えられていく」という説が専門家たちのなかで共有されようとしている、ということである。そしてこの学説は、科学の専門家ではない人たちにも重要である。人間が生活することの条件をどう考えるのかという問題と密接にかかわるからである。

モートンは述べている。「人新世は、（人間の）歴史のための、安定していて人間ならざる背景という意味での自然の概念を終わらせていく」[1]。人間活動が自然を改変するのにともない、人間の生活の条件が、自然のあり方と連関し、連動するようになっていく。そこで人間に求められるのは、現実への感じ方、考え方を、この変動にあわせて再創造することである。これは人間世界が自然世界とは明確に切り離されて存在しうるという思考習慣を見直すことを意味する。

自然は背景ではないとはどのようなことか。それは、人間は自然をみずからの生活のために改変することで自然に関与してきたことを意味する。自然の改変は、自然に対する暴力であった。第二次世界大戦後の高度成長の後、一九六〇年代から七〇年代において、この暴力性が批判された。

その後、二〇〇〇年代になって気づかれようとしているのは、人間活動によって変えられた自然が人間生活に影響を及ぼしてしまう、ということである。人間世界の外にあり、背景でしかないと思われていたものが、現実に人間世界に影響してしまう。自然はもはや暴力を振るわれる客体ではなく、人間に反撃する主体でもある。そうであるならば、人間のあり方、人間世界のあり方を見直すことが求められるのではないか。このような素朴な疑問から、本書は書かれている。

2

本書は、アーレントから議論を始めたが、アーレント論ではない。アーレントの思想に忠実になって、現代世界を論じたものでもない。

本書は、人新世の哲学の一端に触れていながら思考を徹底できなかった人として、アーレントを位置づけた。アーレントは、人間がみずからの世界を形成することが、自然の破壊であり、自然に対する暴力であることを認めていながら、それでも、自然そのものと調和した生活を営むことは「自然過程との代謝」へと人間存在を貶めることにしかならないという考えから、自然保護的な思想に向かうことはなかった。「自分の肉体と家畜の助けを借りて生命に養分を与える」という自然にやさしいあり方は、〈労働する動物〉でしかない。

アーレントは、人間が自らの世界をつくりだすことのほうが大切であると考えた。ファシズム時代において、人間が自らの居場所感覚を失い、孤立し、寄る辺なき存在になると、自らの内なる自然性に居直り野蛮化し暴力的になっていくことの怖さを、身をもって経験していたからである。それに比すれば、人間の世界を安定的なものとしてつくりだし、維持し、自己保存につとめることのほうが大切であるということになろう。政治哲学者としてのアーレントは、たとえ人間世界の形成が自然に対する暴力の行使をともなうとしても、人間が孤立し、退行し、野蛮化していくことと比べるなら、この暴力は許容されてしかるべきであると考えていたのだろう。

3

人間が自然に近づくことは、人間の野蛮化であり、野蛮な暴力存在になることである、そうならないためにはどうしたらいいのか。これがアーレントの提示した問題である。まっとうなアーレント読者であれば、こう考えるはずである。たとえ自然についての論述があってもそれは政治哲学のなかで論じることのできる問題ではない。もしもアーレントの著書におぼろげながらも示される自然を何らかのかたちで論じるとしたら、それはアーレント論としてではなく、人間と自然の関係、人間における自然ないしは自然における人間をめぐる論考のなかで論じられるべきである、ということになろう。

一九七〇年代には、人間と自然の関係は、科学批判、経済学批判などで論じられ、公害批判や環境保護運動において実践的に問題化され、一九八〇年代には、ニューエイジ的な自然の神秘化のように、文明化された人間生活の日常性の外側にある非日常生活の世界として自然は語られたが、その後の思想の世界では、自然への意識が薄くなっていく。

二〇〇〇年に刊行され、二〇〇三年に日本語訳された、マイケル・ハートとアントニオ・ネグリの『〈帝国〉』に書かれた次の文章が、その典型である。


なるほどたしかに私たちの世界のなかには相変わらず森やコオロギや雷雨が存在しているし、また私たちはいまなお自分たちの精神構造が自然的な本能と情念によって突き動かされていると理解しつづけてはいる。だが、自然の諸々の力と現象がもはや外部としては受けとめられなくなっているという意味で、言いかえれば、もはやそれらが市民的秩序の人為的工夫から独立した原初的な姿のまま存在するものとは知覚されなくなっているという意味で、私たちはすでに自然をもってはいないのである。ポスト近代世界

においてはすべての現象と力は人為的なものなのであり、つまりは一部の人びとが言うように歴史に属するものなのだ。(2)

世界はすでに近代化以後になっているという考えに馴れている人には、森もコオロギも雷も、住宅が取り壊された跡地に生えている雑草も、すべて、人工世界の一部として感覚されている。人為性とは独立の自然性など、いずれ消滅していくことになると考えられている。

ところが、この著書が刊行されるのとほとんど同時期に刊行されたクルッツェンらの論文は、人間の世界、つまりは市民的秩序の人為的工夫をも含めた世界が、自然と深く関わってしまっていることを論じるものであった。

人新世の仮説は、人間が自然を改変し、大気を汚染し、水を汚し、さまざまな動植物を絶滅させていくことの問題を、純粋無垢な自然の冒涜といった観点から論じていくものではない。むしろ、人間が自然のあり方に影響を及ぼし、それをつくりかえるほどの力を持つことになっている事実の提示に主眼が置かれている。つまり、自然は人間から独立しているのでもなければ、人間が自然を持たないなどということもなく、逆に、両者は深く関わり合ってしまっていると論じられる。

4

ハートとネグリは、「帝国」つまりはアメリカを中心とするグローバルな政治秩序と資本主義のもとで最領土化され、不自由と孤立がすすむ人間世界からの脱出を呼びかけた。脱領土化である。帝国の秩序から逃れたところに見出されうる、場所性もなければ身体性もない、様々な人たちの「共同性なき共同体」である。その先に何があるかは私にはわからないが、少なくとも、彼らが提示するビジョンは、近代的な進歩主義を背景とするユートピア主義の変形であるのはわかる。

人新世が突きつけるのは、ユートピア主義そのものの前提が崩れつつあるのではないか、ということだ。クライブ・ハミルトンは述べている。

ユートピア的な政治的理念は、キリスト教の救済の約束の物質化された形態であると、しばしば論じられてきた。諸々のユートピア思想において、進歩の観念が法則へと、つまりは歴史の法則へと固まるのには、長い時間はかからなかった。進歩の法則は、それを理解した人たちが未来を知るのを可能にした。政治的な行為者になるとはつまり、不可避であるものを可能なかぎりはやく到来させようとすることを意味した。理念が法則になるとき、社会変革のあらゆる闘士――民主主義者、マルクス主義者、あらゆる類の解放者――には、歴史が自分たちの側にあると信じることができた。「進歩」が意味するのは、それである。(3)

つづけてハミルトンは、「進歩」の想念は、人間社会を成り立たせている背景としての自然が、温和で、安定的であったからこそ可能であったと主張する。ならば、自然が温和でもなければ安定的でもないというだけでなく、人間生活へおよぶその影響が無視し得なくなるという状況が今後続いていくとしたら、進歩を、さらには進歩にもとづくあらゆる理念をなおも存続させようとする努力は、この人新世的な状況への不感症をともなうものとなるだろう。

5

人間世界が、森やコオロギが存在し雷雨の発生する世界のなかの部分として存在するのをいさぎよく認めてしまうとき、何がみえてくるだろうか。それは、森やコオロギをも含めた広がりのある世界のなかで部分としての人間世界が閉鎖空間になっている、ということである。

ただし、閉鎖性を自覚したとしても、さらに求められるのは、人間世界を自然へと開き、自然との一致の回復を目指し、調和した生活を営むことではない。自然は人間にとって、不安定化要因である。ゆえに求められるのは、自然のリアルな攪乱力を認め、そのなかで、人間世界の根底を再設定することである。

自然は、人間世界とは別の存在であるが、それでいて人間世界の現実の土台でもある。人間世界に自然は触れている。求められるのは、この現実を認めつつ、それでも自然状態へと退行的に崩落しないものとして、人間世界をつくり、維持し、存続させようとすることである。

具体的には何ができるのだろうか。別の文章でハミルトンは、シナリオを三つ提示する。[4] 一つは二酸化炭素の削減だが、彼の見るところ、それで地球が産業革命以前にまで戻るかどうかは不確定である。二酸化炭素削減を目標とする「パリ協定」も、アメリカが脱退した時点で無意味化している。もう一つがジオエンジニアリングである。地球へと降り注ぐ太陽光の量を減らすために無数の鏡を宇宙に向けて放出するということが本気で検討されているらしい。ちなみにハミルトンは、ジオエンジニアリングには否定的ではない。

さらにもう一つが、宇宙船を建造し、地球から脱し、スペースコロニーをつくることである。[5] これも本気で企画されているらしいのだが、ハミルトンは懐疑的である。

それはペルセポネ・プロジェクト（Project Persephone）という名称で、グローバルなコミュニティで運営されることになる「生きるための宇宙船」、つまりは「複数の人工衛星で閉じたエコシステム」をつくろうというプロジェクトである。[6] そこで営まれる生活を、ハミルトンは次のようなものとして想像する。それは、「移送された自然が人間の生存のための道具になる自己完結的な世界」、「夜も昼もなく、季節も山もなく、川のせせらぎも海もなく……風も空も太陽もない世界」、「そこで生活する人が、地球にもともとあった生活習慣を模造することで生きながらえようとする閉じた世界」である。

ハミルトンは、この閉じた世界が、自分たちを生きさせてきた自然条件を保守するという責務の完全なる放棄を前提にすると批判するのだが、自然と触れてしまっているのをいっそう拒絶するという点では、自己完結的な人間世界を自然から切り離し根無し草的になるという近代という時代の延長上にあると考えることもできるのではないか。

6

自己完結化は不可能である。だが、自然と一致することもできない。この現実への自覚は、いかにして可能になるか。

本書でこだわったのは、川内倫子の写真だった。そこにある、壊れた人間世界が、人間世界の自己完結化の不可能性を示している。人間世界は、それをとりまく世界のなかで、偶々成立できているだけのものにすぎないことを示している。

写真は、世界はじつは人とは無関係にあって、人もまた世界に、偶々住まわせてもらい、自分たちの世界をつくらせてもらっているだけの存在だということを提示している。その点で、世界は人間に対し、疎遠である。そして人間と世界が疎遠であるのを人間に知らせるのは、写真である。人間不在の都市世界について、ベンヤミンは次のように述べる。

どこも寂しい場所というのではない。気分というものが欠如しているのである。都市はこれらの写真の上では、まだ新しい借り手が見つからない住居のように、きれいにからっぽである。まさにこうした作業において、シュルレアリスム写真は環境と人間との疎遠化、治癒的な効果をもたらす疎遠化を準備する。政治的な訓練を積んだ眼にはある視野が開けてくる。そこでは、細部を鮮明に捉えるために、ほのぼのとした雰囲気はすべて犠牲にされる。(7)

環境は、人間とは疎遠であった。人間が何かをするということとは関係なく、疎遠なものとして存在していた。カメラという機械装置が拡張した知覚のおかげで、人はそれに気づくことができるようになった。カメラは人間の主観が生じさせてしまう「ほのぼのとした雰囲気」というアウラ的覆いを剝ぎ取り、ただ「空である」という世界の実相を露わにする。

よく考えてみれば、一九世紀半ばに定まる基本設定にもとづくカメラも、産業革命以後の科学技術社会化の産物である。このカメラが、人間と環境が疎遠であるという現実の気づきを可能にしたというのがベンヤミンの主張だが、本書中で紹介したように、地球が一つの球体でそこに人間も住まわせてもらっているという現実を突きつけたのも、人工衛星から撮影された写真であった。ハミルトンは、神学者のパウル・ティリッヒも、地球を宇宙から見るという視点がもたらす最大の帰結が「人間と地球のあいだの疎遠化」であり、「人間にとっての地球の客体化」であると考えていたというエピソードを紹介する。(8)

つまり人間は、人間がいてもいなくても存在してきた地球において住まわせてもらっている。人間出現以前に形成された地球において住まわせてもらっている。しかも地球は、人間にとって疎遠なのだが、疎遠でありながら人間生活の不可欠の土台として、人間に触れ、関わってくる。この土台は、一万二千年ものあいだ続いた完新世の時代においては安定的で、それゆえに人間は地球のことを意識しないでいられたのだが、自分たちが意識せずして行ってきた所業が積み重なるうち知らぬ間に及ぼしてきた影響ゆえに、地球のあり方は完新世から人新世へと移行しようとしている。

本書はこの移行期の始まりにおいて可能な思考はいかなるものかを手さぐりで描き出そうとする試みであった。新しい時代に突入するというのであれば、その移行期の以前において維持されてきた思考など、すべてが無意味化するのかもしれない。それでも、人間世界がそれとは疎遠な地球において偶々成り立つことへの手さぐりの思考はおそらくは二〇世紀のなかばあたりに始まっていた。この隠れた思考の水脈をもなかったことにはできないはずだ。これがあったから、二〇一〇年代半ば以降、人新世の哲学が科学の知見と連動しながら新たに形成されようとしている。

注

（1）Moron, "How I Learned to Stop Worrying and Love the Term Anthropocene," 257.

（2）マイケル・ハート、アントニオ・ネグリ『〈帝国〉』水嶋一憲他訳、以文社、二〇〇三年、二四三頁。

（3）Clive Hamilton, "Utopias in the Anthropocene," Plenary session of the American Sociological Association, Denver, 17 August 2012, 5.

（4）"Can humans survive the Anthropocene?" The Dr Dark Memorial Lecture delivered at the Carrington Hotel, Katoomba on 19th May 2014 and the Sydney Writers Festival on 22nd May 2014. なおこのレクチャーは、二〇一七年に刊行された著書の最後に収録されている。Clive Hamilton, *Defiant Earth: The Fate of Humans in the Anthropocene* (Polity Press, 2017).

（5）日本のアニメ作品『機動戦士ガンダム』のことを想起されたい。これもまた、地球からの離脱と、独立国家「ジオン公国」の建国を主題としていた。
（6） http://projectpersephone.org/pmwiki/pmwiki.php
（7） ヴァルター・ベンヤミン『図説・写真小史』久保哲司編訳、ちくま学芸文庫、一九九八年、三九頁。
（8） Paul Tillich, *The Future of Religions* (Harper & Rowe, 1966), 45.

あとがき

本書は、二〇世紀なかば以降においてアーレントの哲学で試みられた人間の条件をめぐる考察を引き受けつつ、現代的な展開を試みたものである。人間の条件を事物として、それもつくりだされた事物として捉えるというのは、じつは建築の動向を意識している。二〇一六年に開催されたヴェネチア・ビエンナーレ国際建築展のディレクターであるアレハンドロ・アラヴェナは、そのステートメントで、人間生活の質の向上のためには建造環境の整備が大切だと述べているが、それは言い換えると、人間生活の条件を考えるためには、それが建造環境であり、建築性のあるものとしてつくりだされていることをも意識することが求められるということである。さらに本書は、人新世をめぐる地球科学の成果としての科学論文を読解し、それとの接点で人間の条件にかんする考察を試みたが、ここで問われるのも、人間の条件はただの抽象的理念ではなく、地球に根ざすところにつくりだされる具体物だということをどう考えるのか、という問題であった。

本書は、次の二つの論考をもとにしている。

「エコロジー思考への転回」『現代思想』四一巻一四号、二〇一三年。

「共存空間論」『現代思想』四五巻一二号、二〇一七年。

これらを書くにあたっては、青土社の『現代思想』編集部の押川淳さんにお世話になった。また、本書の執筆に際しては、京都大学人文科学研究所の瀬戸口明久さんとの会話から多くの示唆を得た。人新世の問題をどう考えるかについては、ティモシー・モートンさんの論文から多くを学んだ。前著『複数性のエコロジー』でも書いたように、二〇一六年の夏に本人にあって話をしたことから多くの示唆を得ている。アーレントの事物の思考については、ジョージ・ベアードさんに教えてもらった。デルフト工科大学で二〇一六年三月に行なわれた連続講演イベント（Constructing commons）に呼ばれ話をした。そこで同席したベアードさんから、アーレントの思想に心酔していたこと、実際に会ったこともあるなどという話を聞かせてもらった。日本語の本で謝意を述べるのも妙な話だが、記して感謝する。講演イベントへの登壇の手はずを整えてくれた塚本由晴さん、さらにデルフトとヴェネチアでいろいろ話すことのできた貝島桃代さんにも感謝します。能作文徳さん、常山未央さん、増田信吾さん、中村隆之さん、日埜直彦さん、藤原辰史さん、松嶋健さんとの会話からも示唆を得た。三原芳秋さんからいただいた長文メールは励みになった。富士通総研の吉田倫子さん、ニック・オゴネックさんによるインタヴュー（富士通総研『ER』六号に収録）のおかげで考えがまとまった。みなさまありがとうございます。

なおこの本は、生活上の苦境の中で書かれている。苦境だからこそ書けることもあるだろうというアイロニカルな思いとともに書かれている。「何が苦境だ、アイロニカルだ、要するに自業自得だ、バカ野郎！」とビートたけしに言われかねない状況に陥っても愛想を尽かさずつきあってくれた人文書院の松岡隆浩さんに感謝する。とはいえ、バカだとかいう意味付与とはかかわりなく、苦境は具体的なものとして存在しているし、そのなかで私は生きてしまっている。苦境のなかで私がなおも生きていられるのは、妻の凡子とともにいるからである。ゆえに本書を凡子に捧げる。

篠原　雅武

マ　行

ヤ　行

ラ　行

ワ　行

人名索引

著者略歴

篠原雅武（しのはら　まさたけ）

1975年生まれ。京都大学総合人間学部卒業。京都大学大学院人間・環境学研究科博士課程修了。博士（人間・環境学）。哲学・環境人文学。現在、京都大学大学院総合生存学館（思修館）特定准教授。単著書に『公共空間の政治理論』（人文書院、2007年）、『空間のために』（以文社、2011年）、『全‐生活論』（以文社、2012年）、『生きられたニュータウン』（青土社、2015年）、『複数性のエコロジー』（以文社、2016年）、『「人間以後」の哲学』（講談社選書メチエ、2020年）。主な翻訳書として『社会の新たな哲学』（マヌエル・デランダ著、人文書院、2015年）、『自然なきエコロジー』（ティモシー・モートン著、以文社、2018年）。

人新世《じんしんせい》の哲学
——思弁的実在論以後の「人間の条件」

二〇一八年　一月三〇日　初版第一刷発行
二〇二三年　四月三〇日　初版第三刷発行

著　者　篠原雅武
発行者　渡辺博史
発行所　人文書院
〒六一二‐八四四七
京都市伏見区竹田西内畑町九
電話　〇七五（六〇三）一三四四
振替　〇一〇〇〇‐八‐一一〇三

印刷　創栄図書印刷株式会社
装丁　上野かおる

JIMBUN SHOIN Printed in Japan
ISBN978-4-409-03096-7　C1010

公共空間の政治理論
公共性の条件をめぐって
篠原雅武著
四六上二五〇頁
価格二四〇〇円

現代思想の転換2017
知のエッジをめぐる五つの対話
篠原雅武編
四六並二〇八頁
価格一八〇〇円

社会の新たな哲学
集合体、潜在性、創発
M・デランダ著
篠原雅武訳
四六並二四〇頁
価格二八〇〇円

フリーダム・ドリームス
アメリカ黒人文化運動の歴史的想像力
R・D・G・ケリー著
高廣凡子・篠原雅武訳
四六上三八六頁
価格四五〇〇円

有限性の後で
偶然性の必然性に関する試論
Q・メイヤスー著
千葉・大橋・星野訳
四六上二三六頁
価格二二〇〇円

四方対象
オブジェクト指向存在論入門
G・ハーマン著
岡嶋隆佑監訳
四六並二四〇頁
価格二四〇〇円

プロトコル
脱中心化以後のコントロールはいかに作動するのか
A・R・ギャロウェイ著
北野圭介訳
四六並四二〇頁
価格三八〇〇円

制御と社会
欲望と権力のテクノロジー
北野圭介著
四六並三七〇頁
本体三〇〇〇円

（2018年1月現在、税抜）